30天成为
高手父母

——和孩子说话的艺术——

沛东◎著

台海出版社

图书在版编目（CIP）数据

30 天成为高手父母 / 沛东著 . -- 北京：台海出版

社，2024.2

ISBN 978-7-5168-3805-1

Ⅰ . ① 3… Ⅱ . ①沛… Ⅲ . ①家庭教育 Ⅳ . ① G78

中国国家版本馆 CIP 数据核字（2024）第 034543 号

30 天成为高手父母

著 者：	沛 东	
出版人：蔡 旭		封面设计：天下书装
责任编辑：魏 敏		

出版发行：台海出版社

地　　址：北京市东城区景山东街 20 号　　邮政编码：100009

电　　话：010-64041652（发行，邮购）

传　　真：010-84045799（总编室）

网　　址：www.taimeng.org.cnthcbs/default.htm

E - mail：thcbs@126.com

经　　销：全国各地新华书店

印　　刷：三河市双升印务有限公司

本书如有破损、缺页、装订错误，请与本社联系调换

开　　本：710 毫米 ×1000 毫米	1/16
字　　数：180 千字	印　　张：12
版　　次：2024 年 2 月第 1 版	印　　次：2024 年 2 月第 1 次印刷
书　　号：ISBN 978-7-5168-3805-1	

定　　价：59.80 元

没有谁生来就会做父母，更没有谁生来就是优秀的父母。

《是妈妈是女儿》这首歌中唱道："我不知道自己做得够好吗，我是第一次做妈妈。"

一位情绪崩溃的妈妈对孩子说："妈妈也不是一生下来就会当妈妈，妈妈也是生了你之后才开始当妈妈。妈妈也不想对你发脾气，妈妈也想努力做个好妈妈……"

我们都是第一次当父母，有时候，我们甚至觉得自己还是个孩子，却要面对另一个孩子。孩子呱呱坠地，我们升级为父母，从陌生到熟悉，从慌张到从容，需要我们努力学习如何与孩子相处。

我们要学习如何与孩子好好说话。大吼大叫只会让孩子变得自卑、冷漠、暴躁，在心理上投下阴影。著名漫画家几米曾在他的作品中说，对于孩子来说，被仙人掌刺伤可以很快愈合，但是如果被父母的冷嘲热讽所伤，孩子只会留下难以治愈的伤痕。

我们也会生气，也会想要发脾气，但我们一定不愿意让坏情绪伤害孩子。所以，我们要控制自己，如果一时难以控制情绪，就对孩子说："妈妈现在有点生气，需要平复一下，我们等会儿再来聊。"如果一时冲动，对孩子说了气话，也要及时向孩子道歉。

我们要学习恰当地鼓励孩子。父母鼓励得当，就是对孩子最大的认可和支持，它能有效地帮助孩子建立自信心，并激发孩子的潜能，帮助孩子获得前进的动力。然而，很多父母更擅长打击孩子，就算孩子取得了进步，也会因为担心孩子骄傲，而轻飘飘说一句："下次继续努力。"如果孩子是一株小树苗，

鼓励就是阳光和雨露。

我们要学习先倾听，再教育。孩子犯了错，如果我们上来就讲大道理，或者训斥一顿，孩子根本就听不进去。当孩子想要申辩，我们来一句"闭嘴，你不用解释"，短短几个字，不仅会让孩子产生对立情绪，还会让孩子被害怕和无助的情绪包围。孩子总有犯错的时候，不妨先听听孩子的解释，了解事情的原委，给孩子申辩的机会，让孩子在"申辩"中梳理事情的经过，从而更清楚地认识到自身的错误。

我们更要学习如何接纳孩子，给予孩子无条件的爱。孩子考好了，我们眉开眼笑，又是夸奖又是送礼物；孩子考砸了，我们就用乌云密布的脸迎接他，不是惩罚就是冷暴力。这会让孩子觉得，我们的爱，是有条件的。我们爱的只是表现好的他。

孩子有优点，也有缺点，我们要接纳孩子的全部，要让孩子感觉到，我们爱他，是因为他是我们的宝贝，而不是因为他优秀。同样，如果他不够优秀，也不会影响到我们对他的爱。无条件的爱，会让孩子安全感倍增，变得更有自信和底气。

养育孩子，是父母的一场自我修行。在这个过程中，父母需要不断刻意练习，练习成为一个懂孩子、悦纳孩子的高手父母。

本书从情绪和权威、奖励和惩罚、示弱和信任、温柔和坚定等八个方面阐述了如何成为一个高手父母这一主题。

本书从日常生活中随处可见的场景入手，分析了种种情景下，父母错误的表达和行为给孩子带来的身心危害，并由表及里，深刻探讨这些错误处理方式的根源，帮助父母转变错误的思想观念。每一节后面给出的专家建议以及话术示例，直接有效，具有极强的实操性，父母可以随学随用。

只要我们愿意做出改变和努力，30 天，我们就能从一个普通父母晋级为高手父母！

目录

CONTENTS

第八章　接纳和爱——帮助孩子成为更好的自己

第一章

情绪和权威
告别"父母吼"就这么简单

1

千万别把孩子吼"废"了

如果我们在工作中犯了一点错误，就被大声批评和否定，是不是会因为害怕而不敢去做事了？吼叫不会让我们发自内心地去努力，对孩子也一样。

情景再现

做好饭的妈妈，从厨房出来后发现淘淘把玩具扔得到处都是，就忍不住大声斥责淘淘："跟你说了多少遍，玩完玩具要收好！"

淘淘看看妈妈的脸，小声说："我会收拾的。"

妈妈提高嗓门说："你每次都说收拾，每次都不收拾。你现在就收拾，快点！"

淘淘吓得没敢动，妈妈就过去揪他的耳朵……

把玩具收起来，快点！你听见没？！

危害解析

面对孩子的淘气、犯错、叛逆，父母马上大发雷霆甚至动手。正在气头上的你得到这样一个发泄的机会，痛快了不少，却不曾想过这会给孩子带来什么样的伤害。

过度紧张：儿科专家表示，孩子听到吼叫和责骂，大脑会做出"战斗""逃跑"的反应，然后心跳加快、瞳孔放大、手心出汗甚至尿失禁……

变得寡言：被吼叫的时候，孩子可能知道自己做错了什么，但又不知道具体是哪里做错了。这种迷惑可能会导致孩子对自己失去信心，变得寡言、迟钝，不敢表达自己的主张。

交际能力差：经常被家长责骂的孩子往往缺乏自信。在以后的人际交往中，他们往往不知道如何更好地与人相处，难以找到合适的方式与人交流。

变笨，损伤智力：一项研究表明，大喊大叫会刺激大脑神经，致使大脑中负责学习和记忆的区域萎缩，从而导致儿童出现智力障碍。

成为一个暴戾的人：有调查显示，生活在充满怒气和暴力的家庭中，孩子也会在潜移默化中变成暴戾的人，非常容易愤怒和具有攻击性。

心理解读

吼叫很少能够让孩子听从父母的话，相反，吼叫只会激起孩子的逆反心理，使孩子变得更加固执和不愿合作。吼叫也会让孩子对父母的管教失去信心，从而对父母的话语产生抵触情绪。那么，父母为什么还是忍不住对孩子大吼大叫？

最大的原因是父母被孩子的行为激怒了。比如孩子看完书之后总是乱放，开始父母还能轻声提醒，但孩子并没有因为父母的提醒而有所改正，惹得父母只能一次次提高嗓门，但他仍然一次次重犯。最后父母只能大发雷霆，质问他为什么不肯听。

也许父母会觉得自己实在是被气坏了，才忍不住对孩子发火，并非成心想要伤害孩子。但这种看似并非成心的语言暴力，永远不会让孩子进步，即便是有，也是压抑状态下的被动改变，一种在努力进步的错觉、假象。

那么，当父母忍不住想要冲孩子吼叫的时候，该怎么办？

专家建议

1. 直接告诉孩子，你很生气

生气时，父母可以试着把"生气"说出来。当父母告诉孩子"我现在很生气"时，随着这句话的表露，内心的负面情绪其实就已释放了一半。当孩子听到父母是用说，而非怒吼与面目狰狞，内心自然不会滋生对抗情绪，反而会反思自己的行为，然后搜肠刮肚，用更诚恳的态度回应父母。

2. 愤怒时，先闭上眼睛

当愤怒因孩子而起，无论多么气愤，无论多么想冲着孩子大吼大叫，都要强迫自己先把眼睛闭上，然后在心里提醒自己："我是很生气，恨不能狠狠骂孩子一顿，但是能解决问题吗？不能失去理智，不能因为生气而被情绪控制。"当自己足以控制言行时，再睁开眼睛，然后让孩子先回自己的房间，避免情绪二次爆发。

3. 找个可信之人，诉说怒气

找一个只有自己的空间，然后给相熟的可信之人或者给特别好的朋友发信息，把心中的愤怒以文字的形式打出来发给对方。之所以强调用文字的形式，而不是发语音或打电话，是因为书写的过程也是一个梳理情绪的过程。也许一开始很激动，但写着写着，心中的愤怒就会随着那些文字的流出而慢慢减少，最终恢复平静与理智。

4. 用低声教育代替大吼大叫

真正的"低声教育"是指即使孩子犯了错误，也要轻声说话。"轻声说话"不只是降低音量，因为轻声的威胁仍然是威胁。"低声教育"需要在降低音量音调的同时表达客观问题，以期缓和自己的情绪，同时感染孩子的情绪，将双方带入理性状态。

话术示例

不要把孩子吼"废"了

普通父母

- 快点、快点！
- 别哭了！
- 闹什么！
- 不行！
- 这么简单都不会！
- 你能不能乖点？
- 这有什么难的？
- 不准哭！
- 怕什么怕！
- 闭嘴！
- 没长耳朵吗？
- 欠揍是不是？

高手父母

- 还需要多久呢？
- 把委屈说出来。
- 宝贝，控制一下。
- 你的想法呢？
- 没有人一开始就能成功。
- 我相信你会改变的。
- 没有谁一次就能做到。
- 先哭完，然后冷静下来。
- 宝贝，有爸爸妈妈在呢。
- 先安静下来好吗？
- 我相信你已经听到了。
- 宝贝，乖一点好吗？

2

孩子发脾气，父母要冷静

当孩子发脾气时，父母如果只会训斥孩子，并且表现得比孩子还要激动，还要暴躁，结果会怎么样？可以肯定的是，孩子一定不会心平气和，亲子大战一触即发。

情景再现

妈妈每天来幼儿园接甜甜都很准时。但是有一天，因为路上堵车，妈妈晚到了 10 分钟。

妈妈气喘吁吁地跑过来，还没说话，就听甜甜很生气地大喊："你怎么这么晚才来？！"

妈妈见甜甜这么没礼貌，忍不住数落甜甜："我就晚到 10 分钟，你怎么能这么说妈妈呢？！"

甜甜气呼呼地看着妈妈，说什么也不肯和妈妈回家。

危害解析

很多父母在看到孩子发脾气的时候，会使用很粗暴的方式来教育孩子，比如把孩子批评一顿，或者惩罚孩子。这种极端的行为会给孩子带来很大的伤害。

容易产生心理疾病：批评或者惩罚孩子并不能让孩子"心服口服"。父母用暴力解决问题时，孩子心里的怒气和怨气就累积起来。如果这些负面情绪长期得不到正确的疏导和发泄，孩子就会产生心理疾病，最终产生过激行为。

陷入失控状态：当父母惩罚孩子的时候，孩子会感觉十分恐慌和无助，整个人会陷入失控的状态。例如，很多人在小时候被父母关进小黑屋后，心理从此产生阴影，特别怕黑，甚至在长大之后都没有好转。

不能恰当地处理情绪：哭闹是孩子很正常的情绪反应，父母不恰当的干预会阻碍孩子体验各种情绪，影响孩子情绪调节能力的提高。孩子再遇到引起不良情绪的事情，仍然会无法处理。

心理解读

很多父母不了解孩子神经系统的发展规律，觉得孩子发脾气是自己教育的失败，总是致力于改正孩子的"坏脾气"，这其实是不愿意接纳孩子消极情绪的表现。

儿童的大脑额叶发育还不成熟，所以不能很好地调节和控制情绪，更不会隐藏情绪，常常因为一点小事或环境的变化而发脾气，在情绪反应强烈的时候会表现出激烈的行为。

孩子动不动就发脾气，其实是因为他不知道怎么控制自己的情绪，也不知道用什么方法能够得到自己想要的东西。

当感觉不到父母的关注和爱时，孩子就会开始着急，并通过发脾气的方式表达对父母的不满。如果父母不能将注意力重新放回自己身上，孩子就会大吵大闹，失去控制。

孩子想做的事情，如果总是被父母阻止和否定，孩子的内心也会产生怨气，久而久之就会通过发脾气的方式释放出来。

孩子有坏情绪很正常，关键在于要让他们学会恰当地表达和调控情绪。那么，父母应该如何帮助孩子从情绪中走出来呢？

专家建议

1. 先把自己的心情调整好

当孩子发脾气的时候，父母首先要保持冷静，不要被孩子的情绪所干扰，也不要去评判孩子的对错，可以对孩子说："我们现在先冷静一下，等你的情绪好一点了，再来谈论这件事情。"平静地处理事情，能让孩子不再急躁，让气氛得到缓和。

2. 鼓励孩子说出自己的感受

当孩子发脾气时，父母要无条件地接纳。想要帮助孩子认识和掌控自己的情绪，父母可以引导孩子用自己的语言说出心中的感受。当孩子不高兴时，父母可以问孩子："你是不是有点生气？"然后耐心地鼓励孩子表达情绪。孩子的表达方式可能会不恰当或很激烈，父母不要急于纠正或批评孩子，只需倾听，让孩子表达出来，然后再确定该怎样引导孩子。

3. 和孩子一起分析发脾气的原因

当孩子冷静下来后，父母可以和孩子一起分析发脾气的原因："你是感觉委屈了，还是因为被拒绝了呢？"当孩子放下情绪，重新去看待事情，就会发现发脾气的行为不是最佳选择。父母可以引导孩子思考用一些恰当的方式来表达情绪，比如："你有要求时，是不是可以和别人好好商量呢？"父母还可以引导孩子想一想，如果重来一次的话，能不能想到其他的方法来解决问题。

4. 教孩子一些合理的方法释放情绪

父母可以引导孩子用合理的、能被接受的方式释放情绪，比如告诉孩子"下次你生气时，可以做深呼吸，或者打几下枕头"。孩子还可以通过大声唱歌、和父母打闹、撕纸，或跑步、蹦跳、踢球等方式来宣泄情绪，把内心的不快释放出来，让心情得到放松。

话术示例

 父母的语言决定孩子的一生

1. 当孩子生气动手打人时

错误：你再打人试试！

正确：你生气是正常的，但是打人就不对了。

2. 当孩子发脾气扔东西时

错误：不要再扔东西！

正确：你扔这些玩具，我还以为你不喜欢玩了，是不是发生了什么事情？

3. 当孩子在公共场合哭闹时

错误：你这样很丢人！

正确：我们找个没人的地方解决这件事情好吗？

4. 当孩子跟父母对着干时

错误：现在就去刷牙（吃饭、睡觉）！

正确：你是先给小兔子刷牙还是先给自己刷牙呢？

3

孩子爱顶嘴，学会以柔克刚

当孩子顶嘴的时候，很多父母都会感到恼火。为了让孩子服从自己，就会指责孩子不懂事，甚至搬出家长的权威压制孩子。但"硬碰硬"是最糟糕的选择，结果很可能两败俱伤。

情景再现

晓东和同学在学校打架，被老师请了家长。回到家里，妈妈忍不住数落起了晓东："你这孩子真是不让人省心，成天在学校里就知道打架。"

晓东急忙反驳，说是同学先动的手。妈妈质问道："别人打你，你就能动手了？"晓东又生气又委屈，说："你都不了解情况，就知道说我。"

妈妈更生气了，指责晓东越来越不听话。晓东干脆跑回房间，连晚饭都不吃了。

危害解析

孩子犯了错误，或者不听话，父母理所当然地认为孩子应该接受批评。如果孩子还嘴，就会迎来更强烈的打压。父母这种"镇压"的方式，会给孩子带来很多负面影响。

丧失独立思考的能力： 孩子顶嘴，多半是因为感到委屈，想要为自己辩解，或者有自己的想法，想要表达。如果父母完全不允许孩子质疑，孩子慢慢地就懒得表达，也懒得思考了。

丧失沟通交流的欲望： 如果父母对于孩子顶嘴反应过激，威胁或者恐吓孩子，孩子会认为和父母沟通是不安全的。为了避免受到斥责，孩子会主动避免和父母交流，也不敢表达自己的情绪。

进入对立状态： 很多父母在孩子顶嘴时，会忍不住斥责和打骂孩子，这时孩子内心就会产生对抗的情绪。这样一来，不仅当下的场面会失控，父母和孩子还会进入对立的状态，导致问题严重化。

心理解读

父母通常认为自己的权威不容置疑，总是强调"我才是对的"。孩子一顶嘴，父母就认为那是不尊重自己。特别是当自己辛苦工作了一天，孩子还总是和自己唱反调，父母分分钟就会被激怒，甚至失去理智，用过激的行为对待孩子。

孩子难管，其实是因为他们处在"叛逆期"。在孩子的成长过程中，一共会经历三个叛逆期：第一个叛逆期是 2~3 岁，第二个叛逆期是 7~9 岁，第三个叛逆期是 12~18 岁。

孩子在这些时期，自我意识会快速地发展，慢慢认识到自己的重要性，开始用自己的眼光去看世界，越来越有自己的主张。他们希望父母能够听到自己的声音，有时候会显得很爱争辩，这时候就会和父母发生冲突。

有时候，孩子也会因为自己的期望没有被满足，或者想要寻求父母的关注，用顶嘴来表达自己的不满，甚至与父母产生冲突。

如果父母在这个时候认为孩子在挑战自己的权威，而不去了解孩子内心真正的想法，再多的说教或者"硬碰硬"都可能会适得其反。

那么，当孩子顶嘴的时候，父母应该如何与孩子沟通呢？

专家建议

1. 询问孩子顶嘴的原因

如果父母想用家长的身份禁止孩子顶嘴，孩子就会下意识地自我防卫，为了反抗而反抗。此时父母应该冷静下来，不要和孩子争吵，而是要关注孩子顶嘴背后的原因，耐心询问孩子："你为什么要这样说呢？""你是不是生气了？为什么生气？"如果孩子和父母的情绪都不太好，父母可以等双方都冷静下来，再去沟通和讨论问题。

2. 允许孩子说出内心的想法

孩子在思考问题后会产生质疑，比如感觉不公平，或者认为自己是对的。父母要允许孩子说出内心的想法，可以用提问的方式询问孩子："你为什么会这样想呢？"这不仅能让孩子感到被尊重和理解，从而更愿意向父母倾诉，还能锻炼孩子的语言表达能力。父母可以在倾听孩子的想法之后，再和孩子一起寻找解决问题的办法。

3. 给孩子辩解的机会

当孩子犯错时，父母总是会先入为主地批评和训斥孩子。孩子想要辩解，父母就会认为孩子在找借口，让孩子满腹委屈。父母应该给孩子辩解的权利，让孩子把事情讲清楚，比如："你为什么动手打人呢？告诉我实话。"对孩子来说，最好的安慰方式，是听他把话说完。作为父母，不妨先弄清楚事情的前因后果，再做判断。

4. 教导孩子不要说攻击性的话

孩子在情绪激动时可能会说出一些伤人的话，父母应该提醒孩子用合适的方式表达自己的需求，就事论事地表达自己的观点，而不是出口伤人，比如："我批评你，如果你不服气，可以解释清楚，而不是和我这样说话。"父母要让孩子知道，一个人可以用自己的道理慢慢地去说服别人，但如果用如此激动的语气来说话，甚至是骂人的方式，反而得不到他想要的。

话术示例

 不要把孩子吼"废"了

专制父母

- 我说了，不行！
- 给我闭嘴！
- 这儿没有你说话的份儿！
- 小孩子懂什么？
- 你怎么这么不听话！
- 不许插嘴！
- 咱家，我说了算！
- 有意见也憋着！
- 学会犟嘴了？翅膀硬了吧！

民主父母

- 你有更好的办法吗？
- 说说你的想法。
- 别怕，大胆说！
- 你长大了，我真高兴！
- 我就喜欢有主见的孩子！
- 别急，先等妈妈说完好吗？
- 咱家很民主的。
- 谁说得对，就听谁的！
- 我有点生气，等会儿再说吧。

4

孩子爱哭，给予关怀

有些孩子遇到一点挫折或者受到一点批评，就会忍不住崩溃大哭。很多父母不明白孩子为什么如此脆弱，更不知道该怎么去应对。

情景再现

妈妈给小曦买了一个她最爱吃的冰激凌脆筒。小曦特别开心，一边吃一边蹦蹦跳跳地向前走，结果冰激凌掉在了地上。

小曦看着地上的冰激凌，委屈地哭了起来。

妈妈安慰小曦："别哭啦，等会儿再给你买一个。"

可小曦还是哭，妈妈不耐烦地说："冰激凌都掉地上了，你哭有什么用？！"小曦听到妈妈的话，哭得更厉害了。

危害解析

很多父母看到孩子哭就烦躁不安，要么用暴力"镇压"，要么想办法让孩子开心，总之就是想方设法让孩子尽快停止哭泣。其实，这样做会给孩子带来很多副作用。

更加崩溃：有些父母看到孩子哭，会采用极端的方式去制止孩子，比如大声呵斥或者威胁孩子，甚至动手打孩子。这样很容易让孩子的内心变得紧张，从而在情绪上更加崩溃，更难平静下来。

把哭闹变成威胁父母的手段：有些父母看到孩子哭，无论孩子提什么要求都答应。长此以往，孩子会认为哭闹就可以得到自己想要的，今后会提出更多无理的要求，而威胁的方法也会逐渐变本加厉，从哭闹变成离家出走、自残等极端方式。

经受挫折的权利被剥夺：哭泣是孩子面对挫折的开始，也是一种自我修复的方式。哭泣之后，孩子会有所收获、有所成长。如果父母总是在孩子哭泣的时候，想办法制止孩子或是毫无原则地让孩子开心起来，等于剥夺了孩子经受挫折的权利。

心理解读

之所以看到孩子哭，父母就心烦意乱，是因为孩子的哭泣不仅会让父母感到很麻烦，还会让父母感觉自己很无能。特别是孩子没完没了地哭，自己怎么都哄不好的时候，父母会感到很焦虑、很挫败，心中的无助感和挫败感最后就会变成烦躁和愤怒。

哭泣也是一种表达，我们要接纳孩子哭，就要了解孩子哭的原因。这和他们的情绪管理能力不足有关。年幼的孩子还没有学会正确认识和控制自己的情绪，当他们遇到不顺心的事情时，只好用哭来发泄情绪或者寻求关注。

年龄小的孩子，经历的事情也很少，遇到问题时不知道怎么解决，也会哭。或者是因为他们在内心放大了困难的程度，习惯性地把事情往坏处想，但是又无法消化想象出来的结果，在遇到问题时就会用哭泣的方式来缓解内心的焦虑和不安。

另外，有些孩子心理承受能力比较弱，比较敏感，遇到一点小事就能激发出他们的眼泪。

假如孩子是"爱哭体质"的话，父母怎么做才能帮助孩子改善这种情况呢？

专家建议

1. 允许孩子哭

当孩子哭的时候，不论是否清楚原因，父母都应该让他把情绪发泄完。作为父母，只要情绪不失控，就能保持头脑的清醒，能够心平气和地接受孩子的哭闹，从而理智地做出正确的判断。所以，在孩子哭的时候，父母要尽可能平静地看着他，不要带任何情绪，可以说："你现在不开心，那妈妈让你先哭一会儿。"这样可以帮助孩子渐渐地恢复平静。

2. 引导孩子宣泄并化解情绪

当孩子停止哭泣，情绪逐渐稳定之后，父母可以语气温柔地询问孩子"发生了什么"或者"你感觉怎么样"，了解孩子哭泣背后的原因，鼓励孩子将情绪宣泄出来。同时，父母还需要尝试站在孩子的立场上，来安抚孩子的情绪，表示自己遇到这种情况也会很难过，比如："零食卖没了，是挺扫兴的。要是我遇到这种事，也会不开心。"

3. 引导孩子用其他方式代替哭泣

父母还可以和孩子想办法，告诉孩子当下次再出现负面情绪的时候，可以用一些适合孩子的方式来代替哭泣，比如告诉孩子："你下次不高兴的时候，可以直接告诉我你不高兴，或者你可以深呼吸。"

4. 引导孩子寻找解决问题的办法

孩子长大了以后，父母要让孩子直接面对问题，然后和孩子一起想办法去解决。也许这样不能让孩子的情绪立刻好转，却能让孩子明白事实无法改变，但是至少可以想办法去弥补，比如："今天冰激凌卖完了，那咱们下次早来一会儿就能买到了，好吗？"

话术示例

孩子越来越讨厌父母的原因

---

1. 当孩子哭时

伤害式：不准哭，憋回去！

鼓励式：妈妈知道你很难过，宝贝，妈妈能理解你。

---

2. 当你生气时

伤害式：要不是因为你，我会这样？

鼓励式：妈妈有点难过，但是跟你没关系，谢谢你在我身边。

---

3. 孩子不听你话时

伤害式：我的话你都敢不听了是吗？

鼓励式：告诉妈妈你是怎么想的。

---

4. 孩子不按你的意思做时

伤害式：我都是为你好。

鼓励式：妈妈觉得这样做会更好。

5

有效陪伴，告别崩溃式辅导作业

"不写作业母慈子孝，一写作业鸡飞狗跳"，很多父母因为辅导孩子写作业情绪失控、血压上升，甚至气得犯心脏病。而孩子同样承受着巨大的压力，会因此变得小心翼翼，更加不知所措。

情景再现

小松家几乎每天晚上都要爆发一场"大战"。

妈妈一遍又一遍给小松讲题，可明明很简单的题目，却怎么讲小松都不懂。妈妈控制不住自己的脾气，不耐烦地说："你这孩子怎么这么笨呢？"

有时候，妈妈会气得敲打桌子，甚至敲打他的脑袋。

小松常常吓得大气都不敢出一口。

危害解析

父母一辅导作业，就情绪失控，除了影响自己的健康，更会增加孩子的压力。通常，会给孩子造成如下危害。

将孩子吓"傻"：很多父母看到孩子写作业磨蹭、不会做，心中就会大为光火，不自觉地两眼一瞪，声调变高。孩子被父母的样子吓得两眼发直，反应迟钝。父母看到孩子的样子，更加气不打一处来。殊不知，父母越愤怒，孩子越无法思考。因为孩子在恐惧、紧张时，大脑会停止运转，看上去傻傻呆呆的。

破坏孩子的专注力：有些父母认为只要自己陪伴孩子一起学习，就能够提高孩子写作业的效率。还有些父母一看到孩子写错字就忍不住立刻纠正。其实，这样会破坏孩子的专注力。在旁人的关注下，孩子很难集中注意力去完成作业。

丧失学习的兴趣：父母在孩子学习时责怪孩子，会让孩子丧失自信，觉得自己没有能力写好作业。一旦孩子对作业产生厌恶和抵触情绪，就会直接影响他对于学习的兴趣和积极性。

对父母产生依赖：父母盯着孩子写作业，会导致孩子对于学习缺乏主动性。如果父母不盯着，孩子就不愿意学习。还有些父母在辅导孩子作业时，会将正确答案直接告诉孩子，这会导致孩子遇到难题就习惯性地向父母求助。

心理解读

父母一辅导孩子写作业就崩溃，可能是因为对孩子的期望过高。父母总觉得孩子的作业很简单，潜意识里认为稍微提示一下，孩子就应该明白。如果讲了几遍，孩子仍然不懂，父母就会难以接受。

父母在孩子面前容易放任自己的情绪，生气时就特别容易激动，本来已经恶化的情绪会被进一步地放大，所以容易崩溃。

孩子的思维方式和成人不同，并不像成人一样逻辑清晰，所以父母给孩子讲题时，孩子未必能够一下子理解。而且孩子对于自己的父母，并没有像对老师一样的敬畏感，听父母讲解时可能没有那么用心，就容易听不懂。

这就导致了父母在讲题时越讲越生气，孩子因为受到训斥，会因为慌乱和恐惧更加听不懂。在这样一个恶性循环下，父母会忍无可忍，最终爆发。

那么，父母要如何正确地辅导孩子写作业，摆脱"崩溃式"辅导呢？

专家建议

1. 调整对孩子的期待

如果父母在辅导孩子时，发现孩子理解起来有难度，就要对孩子的学习水平和能力重新做一个评估，避免在不了解孩子真实水平的情况下，对孩子抱有过高的期待，比如："看来你对公式还是不太理解，我再给你讲讲吧。"合理的期望可以减少父母和孩子的压力，有助于减少"咆哮式"辅导的发生，还能减少孩子对于学习的焦虑。

2. 让孩子做作业前回顾学过的知识

在孩子做作业之前，父母不要急着催促孩子动笔，应该带着孩子先回顾一下老师讲过的知识，比如："老师今天讲了三角形的面积公式，你先复习一下再去写作业。"父母还可以对作业的难易程度进行简单的分类和排序，让孩子先完成容易的作业，再去做比较难的作业。孩子完成简单的作业后，容易产生成就感，自然有信心和兴趣完成剩下的作业。

3. 让孩子在规定的时间内完成作业

父母可以和孩子制定一个目标，在约定的时间内完成作业，比如："语文作业不多，我觉得你可以在一个小时内完成。"让孩子在规定的时间内完成作业，可以培养孩子的自律能力和专注能力。当然，孩子在规定时间内完成作业，不仅要求速度，也要求质量，两者都很重要。

4. 重要的是"陪伴"，而不是"盯着"

父母不必在孩子写作业时刻纠正，而是应该等孩子完成作业后，再进行纠错，比如："作业都写完啦？那妈妈来检查一下。"孩子学习时，父母可以在不远处忙自己的工作或看书，等到孩子有需要时再出现。即使孩子求助，父母也要引导孩子自己思考，培养孩子独立思考的能力。

话术示例

 不要把孩子吼"废"了

普通父母

- 就知道玩，你这作业啥时候才能开始写？
- 怎么一写作业，你就这么多事儿？
- 快点给我坐下来写作业！
- 别磨蹭了，你看看这都几点了？
- 我跟你说，今天不写完作业，不许睡觉！

高手父母

- 写作业是你自己的事，你可以自己决定什么时候开始写。
- 你安排好了？打算几点开始写作业？
- 坐下来开始吧，我在旁边边看书边陪你。
- 告诉妈妈，为什么你写作业时总是玩铅笔？是不是作业太难了？
- 孩子，你写了这么久还没写完，需要帮忙吗？
- 如果你现在不坐下来开始写，要么晚上熬夜写，要么明天自己跟老师解释一下。
- 写完作业，爸爸陪你下棋，好吗？

6

对孩子大吼大叫后，怎么补救

我们总是在孩子不听话或者做错事时大吼大叫，吼完又为自己的冲动感到后悔、自责，觉得很对不起孩子。父母也不是完人，与其内疚，不如想办法去补救。

情景再现

妈妈一边打电话，一边进了家门。婷婷兴奋地跑过来，拉着她的胳膊，让她去看自己刚刚画的画。

不知道是婷婷太用力了，还是妈妈没拿稳，手机掉在了地上。

妈妈捡起手机发现屏幕碎了，非常生气，冲着女儿吼道："没看到我在打电话吗？你拽什么拽？！"

婷婷吓得不敢吱声，默默地回了房间。

一整个晚上，婷婷都看着妈妈的脸色说话，吃饭的时候连平时不喜欢的萝卜丝都乖乖吃掉了。

看着小心翼翼的婷婷，妈妈很是内疚，很想给她道个歉，却又说不出口。

危害解析

很多父母就算是做错了，也不会低头给孩子道歉。不道歉看似不是什么大事，但却会给孩子带来很大的危害。

认为父母蛮不讲理：很多父母在给陌生人造成不便时会说声"对不起"，但是在面对孩子的时候，却不愿意道歉。这种双重标准会让孩子感觉父母蛮不讲理，导致父母在孩子心里失去了权威性。时间久了，孩子的性格会变得霸道、不好相处。

给孩子造成"二次伤害"：很多父母意识到自己犯了错误，却不把孩子的感受当回事，认为"我供你吃、供你穿、供你读书，你还不能受点委屈了吗"。父母傲慢的姿态会让原本就满腹委屈的孩子更加受伤，这种心理和情感上的伤害让孩子可能很多年都不能够淡忘。

心理解读

父母不愿意向孩子道歉，往往是因为自尊心和面子问题。很多父母认为不能向孩子示弱和屈服，向孩子道歉会让自己颜面扫地，损害自己的威严和尊严。所以即使有错，好面子的父母也不愿意承认，认为面子比对错更重要。

父母不愿意向孩子道歉，还在于想要维护自己的权威性。父母通常认为自己生养了孩子，就永远都是正确的，就算是错了，孩子也不能反驳，更不能追究，否则就是不尊重自己。

因为面子，我们不愿意低头。实际上，向孩子道歉并不会损害你在孩子眼中的形象和权威，反而会让孩子更加信服你。

中国近代诗人闻一多一开始在管教孩子时，也会用打骂的方式。有一次，他在工作时被孩子们干扰，情急之下就打了小女儿两下。他的次子闻立雕便抗议道："爸爸，你是讲民主的，怎么在家不讲民主呢？你怎么动手打人呢？"闻一多一愣，沉思良久后，对儿子说："我错了，我不该打小妹。我小时候父母就是这样管教我的，所以我也用这样的办法来对待你们。希望你们记住，将来不要用这样的方法对待你们自己的孩子。"从此，闻一多再也没打过孩子。

那么，父母犯了错误或做错事情时，应该怎样向孩子道歉呢？

专家建议

1. 向孩子正式道歉

父母犯错后，应该立刻向孩子道歉，勇敢承担自己的过失。不要企图转移话题，更不要反过来指责孩子。父母可以说："对不起，妈妈做错了，让你伤心了。""孩子对不起，爸爸的本意不是这样。"在说话的同时，父母可以主动拥抱孩子，蹲下身来真诚地和孩子道歉。

2. 解释生气的原因

父母在道歉时，还应该向孩子解释当时为什么会生气，这是为了帮助孩子理解父母的动机和想法，并且避免类似的事情再次发生，比如："妈妈今天工作不太顺利，看见你把家里弄得一团糟，才会那么生气。""爸爸希望你将来能有出息，所以才在意你的分数。"

3. 及时采取补救措施

父母的道歉要想表示出诚意，就不能只是说一句干巴巴的"对不起"，而是要拿出实际行动，可以拥抱、亲吻孩子，通过肢体接触来传达对孩子的歉意和爱，也可以用其他的方式来弥补孩子，比如对孩子说："为了表示歉意，妈妈带你去吃一顿好吃的吧。""爸爸刚才不应该骂你，为了弥补错误，爸爸带你去游乐园玩。"

4. 和孩子拟定"君子协议"

为了减少今后发生同样的事情，父母可以和孩子一起拟定一个"君子协议"。比如，让孩子做"监督者"，对孩子说："我们来做个约定。下次我再这样，你要勇敢地告诉我，让我及时给你道歉。"这样能够对父母起到约束作用。

话术示例

 不要把孩子吼"废"了

暴躁父母

- 不写就滚！
- 怎么还不起？喊你 800 遍了。
- 再哭，我揍你！
- 能不能去睡觉？！
- 你能不能快点？
- 你怎么又玩水？
- 出去！站外面去！
- 你气死我了！
- 别闹了！
- 你耳朵聋了吗？
- 你听不懂人话吗？
- 再不听话，我揍你！

冷静父母

- 你是想等会儿写吗？
- 我要挠你痒痒了。
- 有什么委屈跟妈妈说说。
- 现在是睡觉时间了。
- 你还需要多久？
- 你可以去卫生间玩水。
- 你选一个惩罚的方式吧。
- 我现在很生气！
- 我相信你可以控制自己。
- 我刚才是不是没说清楚？
- 我的意思是……
- 能告诉我，你为什么这么做吗？

第二章

奖励和惩罚

左手拿糖，右手拿鞭

1

夸孩子聪明，不如夸孩子努力

"聪明"是父母夸奖孩子最常用的词。其实，夸孩子聪明不如夸孩子努力。因为聪明是天生的，而努力则是可以改变的行为。

情景再现

　　成成考试得了100分。妈妈特别高兴，夸奖道："宝贝真聪明，真给妈妈争气。"

　　听了妈妈的话，成成自己也很开心。他觉得自己既然聪明，就不需要那么刻苦地学习了，反正自己有天赋，不学习也能得100分。

　　于是，每当妈妈说："快考试了，赶快复习吧。"他就会说："我这么聪明，还用得着复习吗？"

　　结果，成成的考试成绩逐渐下降，甚至滑到不及格的边缘。

危害解析

父母夸奖孩子"聪明"的出发点是好的，他们是想要给处在压力中的孩子一些鼓励。但是父母却不知道"聪明"这个词会给孩子带来诸多不利影响。

让孩子变得骄傲：自以为"聪明"的孩子会认为自己高人一等，即使他还没有做成什么事情，心中也会充满优越感，觉得其他人都比自己"笨"。这样的孩子容易变得骄傲自满，总认为自己已经很聪明了，自然就很难再得到进步。

让孩子变得懒惰：父母经常夸孩子聪明，孩子就会认为自己很聪明，根本不需要那么用功。如果他努力的话，等于是在向大家承认自己不够聪明。因此，孩子很可能会不屑于去做"笨人"才去做的事情，比如认真学习。

让孩子变得胆小："聪明"的孩子把自己的成功归于天赋，而一旦失败，就证明自己的天赋不够。为了避免失败，他们会回避任何有风险的事情。面对有挑战性的任务时，他们大多也会拒绝。

心理解读

为什么说夸孩子努力比夸聪明合适呢？有一个著名的心理学实验可以给我们答案。

斯坦福大学著名的发展心理学家卡罗尔·德韦克曾经做过一个实验。他带领研究人员对教室里的每个孩子单独进行智商测试，题目是非常简单的智力拼图。研究人员随机将孩子分成两组：一组孩子在完成后会得到"你很聪明"的夸奖，另一组孩子会得到"你真的很努力"的夸奖。

随着实验难度的增加，第一组的孩子大多选择相对简单的拼图，而第二组的孩子大多选择更难的拼图。当挑战完成后，实验人员给两组孩子再次做了测试。结果显示，被表扬聪明的那组孩子分数退步了20%，而被表扬努力的孩子进步了30%。

这个结果表明，表扬孩子聪明，就等于告诉他们成功来自先天因素，而先天因素无法更改，也就不需要做出努力；而表扬孩子努力，就会让孩子认为，成功与否掌握在他们自己手里。

卡罗尔·德韦克据此提出了人的两种思维方式：成长型思维和固定型思维。具有成长型思维的人的特点是坚信努力可以改变结果。具有固定型思维的人则相反，认为自己的能力和智慧与生俱来，无法改变。

那么，父母要如何夸奖孩子，才能让孩子不断向上，一直努力呢？

专家建议

1. 真诚而具体地夸奖孩子的努力

当孩子付出了很多精力，克服了很多困难，好不容易做成一件事情时，父母要夸奖孩子的努力，比如："你每天认真学习，考试才能考得这么好。""你每天都努力练习，演出才会这么完美。"真诚而具体地夸奖孩子，不但帮孩子总结了成功的原因，还会让他体会到努力就会有回报的道理。

2. 夸奖孩子坚持和认真的态度

假如孩子失败了，父母要让孩子知道尽管很难，但是孩子一直没有放弃，这就很好。父母还要让孩子知道，哪怕最终没有成功，认真的态度也很重要。比如："这次你虽然没得第一名，但是你坚持了下来，也很了不起。"或"今天的作业有点难，但你写得很认真，妈妈给你点个赞。"

3. 肯定别人的努力而不是天赋

有些父母经常会夸其他孩子"有天赋"，这会打击孩子的自信心，不如这样说："你同桌的妈妈说，他每天都花很多时间学习，所以才会经常考第一。一分付出才有一分收获。"父母这样鼓励孩子，孩子就会去观察别人是如何通过努力获得成绩，从而有动力积极努力地提升自己。

4. 让孩子相信自己的能力

当孩子没考好的时候，父母可以找一找客观因素，不要让孩子怀疑自己的能力，比如："你平时的成绩都是 90 分左右，这次的考题有些超纲，你的成绩下降也很正常。"这样孩子就会相信自己的能力，认为自己有能力考高分。

话术示例

从这些方面夸孩子，孩子会越来越懂事

1. 夸细节

你把饭都吃光了，手也擦干净了，越来越会照顾自己了。来，咱们击个掌！

2. 夸变化

妈妈发现你比昨天早起了五分钟，都不用催了。

3. 夸努力

看到你成绩这么好，这么多天的努力真是没白付出，祝贺你！

4. 夸坚持

失败不可怕，重要的是你坚持下来了。相信你下次会做得更好！

5. 夸独立思考

你太棒了，自己想到办法解决了这个问题！

父母说出的话会影响孩子的一生，它能让孩子开心到不想睡，也能让孩子难过得彻夜无眠。

2

不敷衍，描述细节夸孩子

孩子欢天喜地来求表扬，如果父母恰好在忙，就会以"你干得不错""你太棒了"之类的话来敷衍。敷衍式的赞美，不仅不能让孩子开心，还会挫伤孩子的积极性。

情景再现

琳琳画了一张画，拿给妈妈看。

妈妈正在做饭，为了把琳琳打发走，也为了鼓励她，就扫了一眼画，大声说："真棒，琳琳画得太棒了！"然后继续忙自己的事情去了。

琳琳生气地说："妈妈，你还没有看呢。"

画得真棒，真不错……妈妈在忙，你先自己去玩。

危害解析

很多父母知道夸奖的重要性，但因为自己平时很忙，所以常会采取敷衍的方式来表扬孩子。这种表扬教育不仅效果不明显，还会给孩子造成负面影响。

夸和不夸没有区别："你真棒""你真厉害"之类的赞美笼统空泛，就像成年人之间礼貌的客套，听上去并不真实。孩子第一次听会觉得很兴奋，但是听多了就会产生"免疫"和"审美疲劳"。到那时，这种夸奖对孩子来说形同"鸡肋"，起不到鼓励作用，导致夸和不夸没有区别。

孩子不再信任父母：对于花费很多精力完成的事情，如果只得到笼统的赞美，孩子会觉得很受伤。孩子感受不到父母的真心和诚意，会认为父母在敷衍他、欺骗他、哄他，从而不再信任父母。

孩子失去做事的动力：没有针对性的泛泛而夸，只会让孩子过分在意外在的认可，但内心做事情的热情并没有得到激发。结果就是，被夸奖的事情，孩子没有动力继续去做了。不仅如此，孩子还会变得害怕失败，经不起一丁点儿挫折。

心理解读

《如何说孩子才会听，怎么听孩子才肯说》一书的作者阿黛尔·法伯和伊莱恩·玛兹丽施提出，父母们日常常用的赞美方式有两种——评论性赞美和描述性赞美，而前者常常让人觉得不舒服。

评论性的赞美，是对一个人的整体进行"下定义"式的赞美，往往会让人觉得空洞乏味；而描述性的赞美则是通过对某件事的过程和细节的描述而进行的赞美，能够给人更加真诚的感觉。同时，用具体事例来赞美孩子，可以让孩子感受到父母"就事论事""对事不对人"的公正客观的态度。

很多父母一开始表扬孩子"真棒""真好"，会有很明显的效果，但是随着时间的推移，孩子就慢慢失去了积极性。这是因为孩子不理解父母夸奖他的原因，他不知道自己到底好在哪里。例如父母说"不错"，孩子不知道"不错"指什么，更不明白自己为什么受表扬。

想要让自己的赞扬一直有效果并且让孩子听得下去，父母就要把赞扬的点着眼于细节，表扬得更加具体。表扬得越具体，孩子越容易明确自己到底哪些地方做得好，哪些地方需要改进，从而明确今后努力的方向。

那么，父母应该怎样对孩子进行描述性赞赏呢?

专家建议

1. 描述看见的事情

父母在夸奖孩子时，应该尽量描述事实本身。比如，孩子收拾了客厅，父母可以这样说:"你把地扫得很干净，沙发也整理了，垃圾都扔进垃圾桶里，看上去很整洁。"这样表扬会强化"收拾整齐会受到表扬"的心理，让孩子把优秀的地方发扬光大。下一次，孩子依然会把客厅收拾得很好。

2. 描述父母的感受

看到孩子值得赞赏的行为时，父母还可以描述自己的感受，以此来肯定孩子。比如，当妈妈早上看到孩子自己把衣服穿戴整齐时，可以这样说:"你自己能把衣服、袜子、鞋子穿好，不用妈妈帮忙，妈妈终于放心了。"孩子听到父母这样的反馈，知道自己的表现父母都看在眼里，他们也会很开心。

3. 描述具体的行为

当孩子主动去做事情的时候，父母可以夸奖孩子的具体行为。比如，孩子帮忙跑腿拿快递时，妈妈可以说:"刚才妈妈正在忙，你主动帮妈妈去拿快递。谢谢你!"父母先说原因，也就是孩子干了什么，再进行夸奖，能够让孩子明白"因为自己做了什么才被夸奖"。

4. 复述别人描述的细节

父母听到别人对孩子的赞扬时，可以直接转述出来，特别是有细节描述的，这远比孩子直接听父母表扬更值得相信，比如:"邻居王奶奶说，今天你主动帮她把菜提上楼，还帮她倒了垃圾。王奶奶很感谢你，让我们一定要表扬你呢。"

话术示例

▼ **花式夸孩子，孩子越来越优秀**

1. 说好了，玩半小时手机就不玩了，按时把手机给妈妈。	这叫信用！
2. 今天你只用 10 分钟就穿好衣服、洗脸、刷牙和收拾房间。	这叫效率！
3. 你睡觉前又看了很多书，了解了很多知识和道理。	这叫富有！
4. 爸妈不在家，你还是一回家就写作业，而不是玩。	这叫自律！
5. 你主动把好吃的分享给弟弟，还带弟弟出去玩。	这叫亲情！

↘3

关注孩子学习的习惯，而不是成绩

孩子的学习成绩是父母最关注的事情。其实，在孩子小的时候，学习的习惯和能力才是应该被父母关注的东西。

情景再现

小英平时的语文成绩很好，可是，这次班级的语文测验，小英只考了85分。

妈妈看到她的成绩，顿时火冒三丈："你上次不还得了95分吗？这次的题这么简单，你怎么连90分都没考到呢？"

小英解释说自己考试前没睡好觉，影响了发挥。妈妈却说："别找借口，你们班这次的最高分是100分，看看你，差多少？"

小英感觉特别委屈，把自己关在房间里哭了起来。

危害解析

学习成绩对于孩子来说，确实是重要的，它影响着孩子进入什么样的初中、高中和大学。但是，如果父母过度地在意孩子的成绩，对孩子的身心发展可能会产生极大的影响。

孩子过于看重成绩： 父母过分看重孩子的成绩，孩子也会变得像父母一样，用成绩衡量自己的价值。为了让自己获得好成绩，避免被批评，孩子很可能会采用作弊等不正当的竞争方式。过于重视成绩，会导致孩子感受不到学习的乐趣。

容易出现心理问题： 父母对孩子的成绩要求过高，会给孩子造成很大的精神负担。为了能够取得好成绩，孩子不得不牺牲很多玩耍时间和业余爱好，内心并不快乐。长时间的压力下，孩子的情绪容易焦虑、抑郁，产生心理问题甚至是心理障碍。

对学习丧失兴趣： 父母过于强调孩子的成绩，往往会让孩子丧失学习的兴趣，不愿意主动去学习。假如孩子处在叛逆期，这更会引发他们的反抗情绪，出现厌学、逃学等情况。

心理解读

父母关心孩子的成绩，是因为父母很难清楚地深入了解孩子学习的具体情况。而分数作为学习的结果，能够让父母很方便地知道孩子的学习情况，推断出孩子是否认真学习。

父母很紧张孩子的分数，因为在孩子的学习中离不开"分数"，比如小升初、中考、高考等重大的考试，几乎都是"以分数论英雄"。没有好的分数，就考不上好的学校，拿不到好的文凭，这自然很容易让父母拿分数说话。

父母要求孩子考个好成绩，还因为当自己向别人说起孩子考了高分时，别人往往会夸奖一番，认为孩子很有出息。父母会感觉在人前很有面子，虚荣心得到了极大的满足。

父母如果习惯用成绩来评价孩子，孩子考了好成绩，就喜笑颜开，夸孩子"聪明""厉害"，孩子考得不好，就批评、嫌弃孩子，甚至骂孩子"笨""没用"，会让孩子认为父母爱的不是自己，而是分数。

比起学习成绩，更重要的是良好的学习习惯和方法。有了这些，孩子就有动力自觉地去学习，考出好成绩只是一件水到渠成的事情。

那么，孩子有哪些学习的习惯和能力是需要父母去肯定的呢？

专家建议

1. 夸奖孩子字写得好看

在孩子学写字的时候，父母要很认真地看，把孩子写得好的地方指出来，比如："这一撇写得很漂亮，这一横写得很直。""这个字在格子里写得很整齐。"孩子得到夸奖会很高兴，此时父母再给孩子提一些意见，孩子容易接受，也更有信心和动力写得更好。

2. 夸奖孩子预习、复习的习惯

养成预习、复习的好习惯，对于孩子的学习有很大的帮助。父母可以这样夸奖孩子，让孩子坚持下去，比如："复习能够巩固知识，还能提高写作业的速度，这样的好习惯你要保持下去。""预习明天的课程时，有什么不懂的问题，就记下来，明天请教老师。"

3. 夸奖孩子的自我管理能力

当看到孩子给自己的学习和生活做好了时间安排和计划时，父母要夸奖孩子的这种自我管理能力。父母可以说："你能把每天放学后的学习和休息时间安排好，我们就放心了。""相信你能够管理好自己的学习和生活，对自己负责。"

4. 夸奖孩子的好奇心

如果孩子对于科学等有很强烈的好奇心，喜欢提出各种问题，父母要认真对待，并多鼓励孩子，比如："爸爸像你这么大的时候，就不像你这么爱研究，值得表扬。""看来你对古化石很感兴趣，回头咱们去博物馆参观一下。"这样可以激发孩子的求知欲和学习兴趣。

用"彩虹屁"夸出孩子的内驱力

鼓励能够让孩子感受到被肯定，从而更加积极向上。父母如果能够对孩子进行真诚的表扬和鼓励，就能给孩子带来正面的力量。

情景再现

洋洋期末考试得了95分，他兴奋地把这个好消息告诉了妈妈。妈妈说："不错，值得鼓励。"

接着，妈妈又问他："你好朋友浩浩考了多少分啊？"洋洋回答说浩浩考了100分。

"浩浩考了100分，你才考了95分，可千万不能骄傲，争取下次也考100分。"

洋洋原本挺开心的，听了妈妈的话，立马就难过起来了。

危害解析

有些父母在夸奖孩子的时候，要么喜欢拿孩子和别人比较，要么抱着功利的态度。这种无效的夸奖，不仅不能夸出孩子的内驱力，还会对孩子产生消极的影响。

对自己产生怀疑：有时候孩子明明做得不错，但是父母在夸奖孩子时，总会拿孩子和别人进行比较，生怕孩子"骄傲"。这种夸奖其实对孩子来说，是一种打压，会让孩子对自己产生怀疑，觉得自己很差劲。

以超越别人为目标：如果父母经常在表扬孩子时，透出一种"比别人好"的意味，孩子就会将超越别人当作目标，而很难去享受努力完成一件事情的过程。为了赢过别人，孩子很可能会出现不正当的行为。一旦失败了，孩子的心态也很容易失衡。

心理解读

孩子都渴望被看见、被回应、被肯定、被重视。好孩子是夸出来的。父母说的每句话，在孩子心里都重若千斤。父母对孩子的认同，能让孩子为此感到骄傲并为之努力。父母想让孩子变好，不妨多给孩子一些赞赏的话。

父母经常给孩子鼓励，可以有效地增强他们的自尊心和自信心。父母的肯定和赞美，能让孩子感到自己的努力和付出受到认可，从而更加自信地面对生活中的各种挑战。

夸奖能够激发孩子学习的兴趣和动力。在学习和探索新事物时得到父母的鼓励，孩子会更加热爱学习，敢于去尝试新的领域。孩子收到正向的反馈时，会更加专注地投入到学习中去，因此更容易取得好成绩。

适当的夸奖可以培养孩子良好的行为习惯。父母及时地肯定孩子的积极行为，比如做家务、学会分享、与人友好相处等，孩子会认识到这种行为会受到欢迎，更愿意坚持下去。

孩子得到父母的赞美，还能学会感恩。懂得感恩能让孩子更加珍惜身边的人、事、物，更加体谅和关心别人。

不过，"彩虹屁"并不是没营养、轻飘飘的客气话，而是有技巧、有细节、有针对性的一种话语。

那么，父母要如何正确地夸赞孩子，给孩子以正向的引导呢？

专家建议

1. 感谢式"彩虹屁"

当孩子做的事情对父母有帮助时，父母应该真诚地感谢孩子，这对孩子来说也是一种表扬。比如，孩子帮忙照看弟弟妹妹时，父母可以说："谢谢你帮我照顾妹妹，你真是妈妈最得力的小助手啊！"孩子看到父母在忙，没有去打扰，父母可以说："看到妈妈忙着处理工作，你能自己去玩，不打扰我，真是帮了妈妈一个大忙。"

2. 描述式"彩虹屁"

父母都希望孩子能拥有很多优点，可以在孩子做出某些正确的行为时，对孩子予以鼓励，说得多了，孩子就会养成好的习惯。比如，孩子把饭吃得很干净，父母可以说："你今天把饭吃得干干净净，这叫爱惜粮食。"孩子在约定的时间关上了电视，父母可以说："你刚才按照约定的时间关上了电视，你能做到遵守约定，妈妈很放心。"

3. 信任式"彩虹屁"

当孩子感觉到被父母信任时，自然不会辜负这份信任。孩子会相信自己可以胜任，并且愿意为之负责。比如，父母想让孩子安排好学习时间，可以说："我相信你知道怎样合理安排好时间，完成作业和复习功课。"父母想让孩子自己解决难题，可以说："我相信你能解决这个问题，不要着急，你可以的。"

4. 启发式"彩虹屁"

当孩子成功地完成一件事时，父母除了赞叹之外，还可以用提问的方式启发孩子，让孩子自己总结经验。比如，孩子很快完成了作业，父母可以问："你今天用半个小时就写完作业了，你是怎么做到速度这么快的？"孩子的书包总是很整齐，父母可以问："你的书包总是这么整齐，你是怎么做到的呀？"

话术示例

 七句"彩虹屁"夸出孩子"内驱力"

1. 无敌"彩虹屁"

你一到家就开始写作业，我都有点佩服你了。

2. 强化逆行思维

妈妈已经看到了你的努力，你下次一定能做得更好。

3. 敞开心扉

谢谢你把这么重要的事情讲给我听，我会替你保守秘密的。

4. 肯定行为

妈妈很喜欢你收拾玩具的样子，家里越来越整洁了。

5. 挫折教育

没关系，你已经做得很好了，妈妈相信你下次一定会做得更好。

6. 夸大自律

你是怎么做到的？不想写作业但还是完成了，教教妈妈呗！

7. 鼓励表达

你发脾气了，妈妈知道你肯定有自己的原因，告诉我好吗？

5

威胁、恐吓孩子的后果很严重

一些父母或者长辈喜欢用虚假、夸大的内容来威胁、恐吓孩子，而孩子因为害怕不得不选择服从。这样看起来是达到了教育的目的，却会给孩子的心灵带来巨大伤害。

情景再现

小敏特别挑食，而妈妈害怕这样会影响她的身体发育。可是妈妈想尽办法，小敏仍然挑食。

妈妈开始威胁她："你成天这也不吃，那也不吃，太难带了，再这样我们就不要你了。"

小敏听了这话，有点害怕了。妈妈赶紧趁热打铁，说道："你要是再不听话，我们就把你送人。"这一招果然奏效，小敏从此乖乖地吃饭，再也不敢挑食了。这可把妈妈高兴坏了。

但是，妈妈渐渐发现，小敏开始变得小心翼翼，而且特别黏人。从前小敏一个人睡觉都不害怕，如今却每天都要跟着妈妈睡。

你要是再挑食，我们就把你送人。

妈妈，我听话，你别把我送走行吗？

危害解析

父母当然有必要通过惩罚的方式教育孩子。不过，采用威胁和恐吓的方式，可能会有一时之效，但给孩子带来的心理伤害也是不容忽视的。

*产生恐惧心理：*父母觉得和孩子说"不要你了""把你送走"等话，把孩子关禁闭或推出门外，只是给孩子一个惩罚，但孩子却会信以为真。他们会认为父母真的要抛弃自己，从而陷入紧张、恐惧的状态，严重时甚至会导致抑郁。

*变得谨小慎微：*为了不被遗弃，孩子从此会谨小慎微，唯恐一不小心违逆了父母的意愿。这样的孩子虽然听话，但是却失去了个人意志，胆子会越来越小。

*形成讨好型人格：*有研究发现，威胁和恐吓带给孩子的精神痛苦，在程度上要大于身体的伤害。孩子为了避免受到威胁和恐吓，就会在父母面前变得乖巧懂事，会主动讨好父母，比如帮助父母做家务等，从而慢慢形成讨好型人格。

心理解读

其实教育的方式有很多种，威胁、恐吓并不是好方法，可为什么很多父母却总是习惯于对孩子说威胁的话呢？

主要原因是父母觉得威胁的方法见效最快。教育孩子往往需要花费父母很多时间和精力。而且，孩子的理解能力有限，尽管父母需要反复地去和孩子讲道理，但孩子可能会继续犯错。威胁教育十分有效，能让孩子瞬间听话。父母为了节省时间，最快地达到目的，就会经常使用这种办法。

父母每天都需要工作，既辛苦，压力又大。即使遇到了影响心情的人和事，很多父母也只能隐忍下来，心中会累积很多负面情绪。和父母比起来，孩子处于弱势地位。父母回到家中，就很容易把无处发泄的不良情绪都倾倒在孩子身上，其中就包括威胁。

很多父母虽然疼爱孩子，但是天生脾气暴躁、缺乏耐心，在对待孩子时难免会使用一些暴力的方式。有些父母小时候也没少受到长辈的威胁、恐吓，也会不自觉地使用同样的方法威胁孩子，而且不认为这有什么不对。

那么，在不恐吓孩子的情况下，应该如何让孩子乖乖听话呢？

专家建议

1. 用孩子感兴趣的事物来引导

父母很难强迫孩子做他不喜欢的事情。想要让孩子听话，父母可以用孩子感兴趣的事情引导他去做。例如，在某真人秀节目里，女儿不愿意喝汤，妈妈束手无策，可此时在场的另一位妈妈的一句"干杯"，立刻让女儿举起碗喝了几口汤。之后吃饭时，这位妈妈又说道："试试像小猪佩奇那样吃！"女儿以为是在玩游戏，果然愉快地开始进食。

2. 提出限定条件

想要引导孩子做正确的事情，父母就不要总是把"不可以"挂在嘴上。说得多了，会引起孩子的反感。父母可以在孩子想做的事情之前加上限定条件，让孩子按照自己所说的那样去做。比如，孩子想要出去玩，父母可以说："咱们先把这几道题写完，妈妈再带你出去，好吗？"或者可以说："你可以先去玩一小时，不过要准时回来写作业，好吗？"

3. 把"谢谢"说在前面

想让孩子做某些事情，父母还可以在提出要求时说一声"谢谢"。当父母把感谢孩子的话说在前头时，孩子会很不好意思拒绝，从而按照父母的意思去做。比如，父母想让孩子帮自己晾衣服，可以这样说："儿子，帮我用衣架把衣服晾起来吧，谢谢！"

6

不打不骂，怎么管教孩子

孩子不听话，讲道理又不听，无奈之下，父母就会通过"打"的方式来震慑孩子，让孩子不再犯同样的错误。但这种方式弊端很大，有没有可以替代打骂的惩罚方式呢？

情景再现

听着楼下孩子们热闹的嬉笑声，正在写作业的小翔有点坐不住了。他想要出去玩，妈妈不同意。

小翔很生气："今天是周六，我为什么不能出去玩？"

妈妈说："今天是休息日，可是你作业还没写完呢。"

"我不写了，我要出去玩。"小翔站起来就要出门。

妈妈心里顿时升起一股怒火，忍不住一巴掌打在他脸上。

小翔捂着脸，气愤地把作业本扔在地上，说什么也不肯学习了。

危害解析

很多父母打孩子是因为他们认为教育孩子必须要严厉，这样孩子才能成才，否则就是放任孩子。有的父母虽然也认同应该和孩子讲道理，但是觉得见效太慢，于是常常直接把孩子打一顿，认为孩子受到皮肉之苦，就能立刻乖乖听话。

但随便打孩子不是一种科学的教育方式。经常性的打骂和体罚，会给孩子的生理、心理和性格造成很严重的影响，还会影响亲子关系。

造成身体损害： 孩子的身体不如成年人强壮，很容易受伤，比如脱臼或者骨折。如果父母在打孩子时用力过猛，孩子的身体很容易受到损害。

造成心理创伤： 孩子被打时，会感到紧张、恐惧、愤怒、悲伤，从而引起一系列身心的应激反应。孩子的心理会受到严重创伤，甚至当孩子长大时，心理上仍然存在阴影。

养成攻击性行为： 被打的孩子很容易学到父母的暴力行为，他潜意识里会认为打人是解决问题的一种方式。以后当他在生活中与他人发生矛盾时，他就会通过打人的方式来解决问题。

心理解读

父母越是爱孩子，越是不能容忍孩子犯错，所谓"爱之深责之切"。于是，孩子一犯错，就忍不住怒打孩子。

打孩子的父母，目的并不是在教育孩子改错，而是在发泄内心的怒火。

心理学上有个情绪 ABC 理论，A 代表诱发性事件，B 代表个体对诱发事件产生的看法、解释，C 代表产生的情绪和行为结果。我们通常认为人的情绪和行为反应是直接由 A 引起的，即 A 引起了 C。ABC 理论则指出，A 只是引起 C 的间接原因，直接原因是 B，即人们对诱发性事件所持的看法、解释。

也就是说，父母情绪失控打孩子，往往不是由于孩子的行为引起的，而是由于父母对孩子过往行为的看法引起的。比如，孩子又写错字了，你生气的不是这个错字，而是觉得孩子怎么总是这么粗心，不把自己的提醒当回事！

导致孩子犯错的原因很多，可能是有意为之，也可能是无心所致。可能是态度问题，也可能是能力问题。父母不应只顾发泄情绪，而应该看到孩子犯错背后的原因，以便对孩子进行正确的批评。正确的批评应该包括：就事论事、确认可罚性以及如何改正错误，这样才能发挥批评的价值。

那么，孩子出现品行偏差时，父母该如何正确惩罚孩子呢？

专家建议

1. 让孩子弥补过失

如果孩子把家里弄脏，或者把东西弄乱，父母可以让孩子自己来打扫和整理。比如，父母可以和孩子说："你把地板弄得那么乱，现在你要自己把它扫干净。"这样可以让孩子意识到自己的错误并加以改正，还能培养孩子的自理能力和责任感。父母还可以适当地指导孩子，或给孩子建议。

2. 让孩子为后果承担责任

如果孩子做恶作剧，或者出现乱扔或忘带东西、没写作业等情况时，父母要让他自己为后果承担责任。父母可以和他说："你把人家的衣服弄坏了，现在由你来赔偿，费用从你的零花钱里扣。""你用完画笔就乱丢，现在找不到了吧。以后不要再乱丢东西了。"当后果出现时，孩子就会深刻认识到自己的错误。

3. 让孩子练字

练字不仅能培养孩子的耐心和专注力，还能在孩子烦躁时，让他平静下来，继而反思自己的行为。当孩子完成时，父母可以问他："你现在感觉怎么样？是不是平静下来了？能跟我说说为什么这么做了吗？"为了避免孩子讨厌练字，父母要鼓励和赞扬他写得好的地方。

4. 在家里设立惩罚角

当父母觉得孩子需要冷静下来时，可以让他去家里某个角落或区域里待一会儿。父母可以在这个地方放置桌椅、软垫，还可以放些纸笔，让孩子宣泄情绪。当孩子发脾气时，父母可以提醒他："我不知道你为什么发脾气，你现在可以去那里静一静。等过一会儿，咱们再谈谈。"等孩子平静下来时，父母再及时和孩子沟通。

话术示例

 想要孩子乖乖听话，只需换一种说话方式

语言暴力

- 你哑巴了吗？你倒是说话呀！
- 快点儿，电视关掉！我数三个数。
- 不听话是不是？不听话你就在这儿待着吧，妈妈不要你了。
- 你胆子怎么这么小。这你都不敢，长大了没出息，什么也干不了！

VS

父母话术

- 看得出来，你很委屈，妈妈很担心。你可以跟妈妈说说吗？
- 我们说好的，每天只能看半个小时的电视，可是你没有做到，妈妈有点儿失望。
- 这里确实很好玩，可是人太多了。你这样跑来跑去，妈妈担心你跑丢了。
- 爸爸小时候也会害怕、紧张，失败了没关系，我们再来一次，加油，你一定能做到！

第三章

示弱和信任
让孩子心甘情愿配合你

1

学会尊重，孩子才会乖乖听话

很多父母在教育孩子的时候，都会觉得孩子不够听话。其实，有时候不是孩子不听话，而是父母对孩子不够尊重。想让孩子听话，父母应该学会尊重孩子。

情景再现

妈妈觉得娇娇是女孩子，想要培养她优雅的气质，就自作主张地给她报了个小提琴班。可是娇娇对音乐没有兴趣，她想去学滑冰。

妈妈坚决不同意："女孩学什么滑冰啊？又危险又累。你听妈妈的，学音乐好处可多了。"娇娇说："我不喜欢小提琴。"

没等娇娇说完，妈妈就抱怨道："你这孩子怎么这么不听话呢？我还不是为了你好。"

娇娇很生气："我不学，要学你自己学吧。"

"钱都交了，退不了。你必须学！"妈妈说完起身离开了。

娇娇气得跑回了自己房间。

你这孩子怎么不听话呢？

我不喜欢小提琴，我想学滑冰。

危害解析

父母是否尊重孩子，对孩子的影响十分大。得不到尊重的孩子，不仅身心无法健康成长，影响今后的性格和人格发展，而且和父母的关系也会越来越差。

孩子变得叛逆：父母强势的孩子大多比较叛逆。父母说什么，他们都反对。父母越管孩子，孩子越不听话，而且行为和观念会变得很偏激。有些孩子虽然表面上逆来顺受，但是心里非常渴望能够独立，总是想摆脱父母的控制。有些孩子会出于发泄或补偿心理，做一些父母不允许他们做的事情，极容易在失控的情况下误入歧途。

不懂得尊重别人：父母不懂得尊重孩子，孩子在这样的教育模式下，不仅自尊心受到伤害，而且大概率也学不会尊重别人。父母如何对待孩子，孩子今后也会用同样的方式来对待身边的人，甚至是自己的下一代。不懂得尊重别人的人，人际关系也不会太好。

心理解读

有些父母总是忽视孩子的感受和想法，是因为他们习惯了按照自己的方式去教育孩子。但其实随着孩子逐渐长大，他们对于自己的事情会有自己的想法。

有些父母想让孩子听话，其实是因为害怕孩子吃亏。父母觉得自己有经验，担心孩子做出错误决定，走了弯路，觉得自己的要求对孩子才是最好的。

父母的出发点是好的，但教育方式却不太恰当，导致孩子认为父母只是想要控制自己，父母自己也觉得委屈。其实，在育儿过程中，最重要的一点就是相互尊重。父母在要求孩子尊重自己之前，要先尊重孩子。

尊重孩子，有助于父母和孩子之间积极健康的交流。父母和孩子之间出现矛盾，产生分歧时，父母的尊重能让孩子感受到父母的关心和公平的对待，从而更快地平静下来。双方都能够很真诚地表达自己的意见，也愿意倾听彼此的想法和观点，冲突才能快速地解决。

尊重孩子，还能让家庭关系更加亲密，家庭生活更幸福。在这种家庭长大的孩子，即使成年后，也会和父母保持良好、亲密的关系。

父母想要尊重孩子，首先需要理解孩子，从孩子的角度去看问题和分析问题，这样才能够更好地理解孩子的想法和行为，避免和孩子产生冲突。

孩子不听话时，父母还要注意自己的态度和说话方式。高高在上的姿态和命令式、唠叨式的口吻，只会让孩子产生更多的抵触，更加拒绝听从父母。

那么，父母尊重孩子，有哪些具体的做法呢？

专家建议

1. 允许孩子表达自己的想法

父母尊重孩子的第一步，就是要允许孩子表达自己的想法。父母看到孩子不听话时，不要急着管教孩子，而是应该耐心地给孩子留出一点时间，先听听孩子怎么说。比如，孩子不愿意刷牙的时候，父母可以问问孩子："能不能告诉妈妈，你为什么不愿意刷牙呢？"

2. 询问孩子真正的需求

有时候父母给孩子的，未必是孩子真正需要的；父母想让孩子做的，未必是孩子真正喜欢的。当孩子提出反对意见时，父母可以询问孩子："你想要什么？""那么你想干什么呢？"知道孩子的真正需求和想法，父母才能更了解孩子，有的放矢地去教育孩子。

3. 让孩子自己做选择

对于孩子自己的事情，父母可以让他自己做决定。孩子的想法可能不是很成熟，父母可以把自己的意见告诉孩子，让孩子知道这样做的结果。比如，孩子不想写作业，父母可以和孩子说："你现在不写作业的话，明天老师肯定会批评你。如果你觉得没问题，那我们也不会强求你。"

话术示例

 优秀孩子的父母这样说

1."快跟阿姨打招呼!"

改成：等一下见到的阿姨是妈妈的好朋友（提前介绍清楚），一会儿你可以叫一声阿姨吗?（充分尊重孩子）如果不行，你可以对她微笑。（给孩子时间和勇气）

2."你应该跟妹妹分享啊!"

改成：妹妹也很想吃的样子（引导），如果你愿意分享一些的话，妹妹应该会很开心。（鼓励）

3."姐姐都说对不起了，你应该说没关系!"

改成：姐姐跟你道歉了，你还生气吗?（关心）如果好点了，可以说没关系;（引导）如果还有点生气，可以晚一点再说。但我想你们还是好朋友，对吗?（鼓励）

2

专治磨蹭，让孩子积极主动的话语

很多孩子会有磨蹭和拖拉的毛病，对此有些父母觉得很头疼，有些父母却不以为意。其实，父母应该培养孩子积极主动的好习惯，这样孩子未来才能变得更优秀。

情景再现

早上，小明迟迟没起床，妈妈就跑去叫他："都几点了？快起床！"小明起来后，妈妈把他推到厕所里，叮嘱道："赶快刷牙、洗脸、换衣服！我去做早饭。"

等妈妈做完早餐，小明还没收拾利索。妈妈又催他赶快吃完早饭去上学。

晚上回到家，为了让小明早点写完作业，妈妈又催促道："别光顾着玩，赶快写作业，不然明天又起不来了。"

虽然每天都有妈妈的催促，可是小明的速度一点都快不起来，照样磨磨蹭蹭的，妈妈为此很是恼火。

危害解析

一个喜欢拖延的人，很难做好事情，也很难成功。如果孩子有拖拉、磨蹭的毛病，父母应该重视起来，并尽早帮助孩子改正过来，否则对孩子会产生很严重的影响。

没有时间观念：孩子习惯拖拉、磨蹭，会变得没有时间观念，严重影响自己的学习和生活。没有时间观念的孩子，会因为不认真听讲而浪费上课时间，学不到知识；会因为不能控制自己而降低写作业的效率，影响晚上休息和白天的学习状态；会因为经常迟到而影响和朋友的约定，渐渐地不受欢迎。

怀疑和否定自己：因为做事情比别人慢，孩子很难得到表扬。久而久之，孩子就会觉得自己什么都做不好，开始怀疑和否定自己，影响自尊心和自信心。长期处于这种情绪状态下，孩子会慢慢丧失做事情的兴趣，做什么事情都会懒洋洋的，人也会变得懒散，没有目标。

心理解读

孩子做事磨蹭，有很多原因，其中之一就是对要做的事情不感兴趣，于是想方设法地逃避。如果孩子是因为这种原因而磨蹭，父母一味地催促、监督孩子，孩子只会更加抵触。

有时候孩子做事拖延，是因为没有条理，不会安排和计划。孩子不能分清楚事情的轻重缓急，就没有合理的安排和计划，导致做事情的效率低下，速度自然不会太快。

孩子做事磨蹭，也可能是因为没有时间限制。有的孩子没有时间观念，做起事情来随心所欲，影响了后面很多事情的安排。

积极主动的习惯对孩子来说，有很多好处。首先，积极主动的孩子，做起事情来不需要父母过多的催促。这样的孩子无论学习，还是做事情，都非常自觉，因为他们内心想要去做，甚至不需要父母的提醒。因为心甘情愿，孩子做事时能够全情投入，不仅效率高，效果也很好。

那么，想要帮助孩子改正拖拉、磨蹭的坏习惯，具体有哪些做法呢？

专家建议

1. 激发孩子的兴趣

当孩子面对无趣的事情不想行动时，父母应该用正面的话鼓励孩子，调动孩子的积极性。比如，孩子不想收拾房间，父母可以和孩子说："你不是一直觉得我们给你布置的房间，你不喜欢吗？正好，你可以自己去弄。你不是有很多手办吗？你可以把它们都展示出来，多酷啊。"

2. 让孩子自己分配时间

需要做多件事情时，父母可以询问孩子："你想怎么安排这些事情？你想先做哪件呢？"父母可以给出自己的意见，但还是应该尊重孩子自己的想法。即使孩子的安排不合理，父母也应该让孩子去体验。事后，父母再和孩子讨论计划的合理性，比如："你看下回要不要先去洗漱，再来听故事，这样你困了就能随时睡觉。"

3. 用钟表来提醒孩子

孩子小的时候没有时间概念，父母可以在孩子做事情时，用钟表来约束孩子的行动，让孩子知道时间有限，做不完就要承担后果。比如，孩子吃饭时磨蹭，父母可以将钟表指给孩子看，告诉他："当长的指针走到这里的时候，你要把饭吃完，不然妈妈就要把碗筷收走。"规定好时间后，父母要避免和孩子讨价还价。

4. 和孩子比赛

孩子做事时注意力不集中，也会耗费比较长的时间。父母可以让两个孩子比赛，或者亲自上阵。比如：父母和孩子比赛擦玻璃，告诉孩子："咱俩一起来擦玻璃，看看一小时之内，谁擦得干净，谁擦得多。"孩子进入竞赛状态时，做事情的速度就会加快，专注力就会提高。

话术示例

 聪明的父母是这样和孩子说话的

1. 孩子做作业时经常磨蹭

错误：你还在磨蹭什么呀？都这么晚了，你看看你才写了几个字！

正确：越早做完作业，休息的时间也会越早到来。到底能休息多久，选择权在你。

2. 孩子不想上床睡觉

错误：这么晚了，还不睡？说了多少遍了就是不听！

正确：宝贝，睡觉时间到了，你看是先洗漱还是先让妈妈给你讲故事呢？

3. 孩子用哭来达到目的

错误：就知道哭！哭有什么用？哭能解决问题吗？再哭就不要你了！

正确：宝贝，哭吧。等你什么时候不哭了，妈妈再来跟你谈，再来解决问题。

3
想让孩子独立，父母先要学会"偷懒"

父母勤快，孩子就懒惰；父母懒惰，孩子就勤快。父母总是全方位地照顾孩子，孩子就会失去独立能力。想让孩子长大后能够独立生活，父母需要在孩子小时候适当地"偷点懒"。

情景再现

　　妈妈一边帮涛涛收拾书包，一边说："你这孩子就是太懒，什么都不愿意干，那么大了，书包和玩具还得我给你收拾。"涛涛好像没听见。

　　一次，妈妈生病了，在床上躺了两天。涛涛的房间里早就乱作一团，衣服和玩具扔得到处都是。

　　妈妈刚要批评他，他反而委屈地说："妈妈，你都躺了两天了，快帮我收拾收拾吧。"

危害解析

父母总想给孩子更多的爱，但是过度的宠爱和保护会变成"溺爱"和"危害"。孩子失去了"自己的事情自己做"的机会，长此以往，会丧失自主意识，影响今后的正常发展。

缺乏自理能力：父母的包办代替会让孩子变得懒惰。很多父母习惯于在生活上对孩子进行无微不至地照顾，孩子根本不需要自己动手。时间长了，孩子会养成依赖别人的坏习惯，总是等着别人来帮他，什么事情都不想自己做。这样的孩子也许在学习上很优秀，但是在生活上却是一个"低能儿"。

经不起挫折：孩子被保护得太好，容易变得"玻璃心"。如果父母总是帮助孩子解决任何问题，孩子进入社会后，很可能遇到一点挫折和困难就会崩溃。因为以前很多事情都是父母帮他解决，他根本不会自己处理问题，所以遇到问题就会求助别人。

心理解读

很多人觉得在教育孩子上，懒惰是不负责任。其实，父母的"懒惰"是指懂得放手。在孩子具备相应能力时，父母应该信任和鼓励孩子独立完成事情，这样才能让孩子真正独立起来。

独立性差的孩子往往有一对太过勤快的父母。父母喜欢凡事亲力亲为，特别是家中的老人更会对孩子照顾得无微不至，以至于孩子无事可做，只会衣来伸手饭来张口，完全失去独立生活的能力。

很多父母认为孩子没有能力做好事情，就会包办孩子的各种事情，小到穿衣吃饭，大到各种选择和决定。父母觉得要是孩子没做好，还不如自己来做，免得孩子因做错事情、做错决定受到伤害。

其实，孩子远比父母所想的要有力量，他们也应该为自己的所作所为承担责任。只有尽早独立起来，孩子才能在将来更好地适应社会。独立的孩子不仅在学习上更加积极主动，而且还拥有很强的生存能力，遇到事情也更有主见，做起事来非常自信。

那么，想要培养孩子的独立能力，父母可以从哪些方面开始呢？

专家建议

1. 在孩子的生活技能上"偷懒"

小到穿衣、洗脸、吃饭，大到整理玩具、书包和房间，父母在这些事情上应该坚持让孩子自己来做，哪怕孩子刚开始需要花费比较长的时间，也不要插手。当孩子求助时，父母可以鼓励孩子："宝贝长大啦，可以整理自己的玩具了。妈妈相信你。"孩子慢慢发现自己能做很多事情，就不会再依赖别人了。

2. 在孩子的学习上"偷懒"

父母如果想让孩子在学习上独立起来，能够主动积极地学习，就不要对孩子学习上的难题"来者不拒"。比如，当孩子来问父母数学题时，父母可以告诉孩子："你们现在的学习内容和我们小时候不一样，妈妈也不会。你自己再想想，不行的话就去问老师。"

3. 在处理问题上"偷懒"

当孩子遇到问题，想要求助的时候，父母不要急着为他"出头"，可以等孩子自己将情绪消化之后，再询问孩子想怎样解决；父母可以提供建议，但不要代替孩子做决定。比如，孩子和同学发生矛盾，父母可以问他："你想怎么办呢？我建议你先和他聊聊。不行的话，再想其他办法。"

4. 在孩子好奇时"偷懒"

孩子对很多事情感到好奇，可能会提出很多稀奇古怪的问题。这个时候父母不必急着回答，可以带着孩子一起去寻找答案，或者向孩子提出问题，引导孩子自己去思考，锻炼他的独立思考能力。比如，孩子问："恐龙那么强壮，为什么会灭绝呢？"父母可以回答："是呀，你觉得如果那时候有人类存在的话，能生存下来吗？"

偶尔示弱，让孩子懂得付出和感恩

现在的孩子生活条件大多比较好，再加上受到父母长辈的溺爱，很容易形成只知索取不懂感恩的性格。想让孩子学会付出和感恩，父母可以适当向孩子示弱，培养孩子的责任感。

情景再现

妈妈下班回家后，做好了饭。等小南吃完，妈妈开始刷碗。小南则打开了电视机，一边看动画片，一边吃零食。

妈妈收拾完来到客厅，看着小南掉在地上的零食碎屑，特别生气："你不帮我做家务就算了，怎么还把地板弄得这么脏？"

小南不耐烦地说："不就掉了点碎渣吗？你扫干净不就行了。"

妈妈抱怨道："我每天工作这么累，回到家还要伺候你。我欠你的吗？"

小南满不在乎地说："我是你儿子，你照顾我是天经地义的。"

妈妈顿时被他的一番话噎住了。

我每天工作这么累，回家还得伺候你。

我是你儿子，你照顾我是天经地义的。

危害解析

感恩，是孩子应该具备的很重要的品质。孩子不懂得感恩，不仅不会孝顺父母，而且在性格和人际交往方面也会存在很大的缺陷。

*以自我为中心：*不懂感恩的孩子，都比较自私自利，凡事以自我为中心。这样的孩子只关注自己的利益，甚至会为了自己的利益去伤害别人。与别人相处时，他只会享受，从来不愿意付出，对于别人的付出和帮助视若无睹，这导致他很难受人欢迎。

*冷酷无情：*没有感恩之心的孩子会变得冷血狂妄，不尊重父母和长辈，也不会去关心和同情弱者。他会觉得任何人和事情都与他无关，所以在与人交往时表现得非常冷漠，很难在社会上立足。

心理解读

很多父母在外面是无坚不摧的"超人"，回到家里仍然将所有事情扛在肩上。于是，很多孩子习惯了父母对自己的付出，却没想过回报，成了父母口中的"白眼狼"。

其实，在和孩子相处时，父母不必太"逞强"。在孩子面前偶尔地示弱，不仅能让孩子看到父母身上的重担，还能培养孩子多方面的能力。

适当向孩子示弱，能够让孩子学会分担。例如家务劳动，假如父母能让孩子参与进来，孩子不仅能够学到生活和劳动技能，还会懂得家务要由大家一起来分担的道理。

适当向孩子示弱，能够让孩子学会理解。孩子了解了父母的辛苦和脆弱，才能理解父母的难处，而不会只在乎父母能不能满足自己。

适当向孩子示弱，还能够激发孩子的潜能。父母感到劳累和遇到困难的时候，给孩子一些表现的机会，不仅能激发孩子的潜能，还能让孩子学会关爱家人。

父母都希望自己的孩子体贴又细心，其实这样的孩子并不是天生如此的。父母如果能够引导孩子做力所能及的事情，孩子也会用自己的方式去回报和感恩父母。

那么，想要让孩子学会感恩和给予，父母可以在哪些情况下向孩子示弱呢？

专家建议

1. 家务太多的时候

家务太多的时候，父母可以请孩子帮助自己。比如，家里要来客人，父母忙不过来时，可以和孩子说："儿子，今天咱家来客人。妈妈要做好几个菜，你能不能帮妈妈擦干净桌子，摆好碗筷呢？"当孩子做好后，父母要及时认可孩子的帮助，告诉孩子："多亏了你，不然妈妈肯定累死了。"孩子受到表扬，做家务的积极性会更高。

2. 需要照顾的时候

父母身体不舒服的时候，也要给孩子一个照顾父母的机会，比如给父母倒一杯水，帮父母拿一下药，等等，让孩子知道父母也会生病，也需要他人的照顾。父母可以和孩子说："妈妈头有点疼，你能帮我找一下药，再给我倒杯热水吗？"就算孩子做的时候很笨拙，父母也要坚持让他去做，不要因为怕他添乱而阻止他。

3. 感觉劳累的时候

父母工作一天后，身体和精神上都会感到劳累。父母可以在回家后和孩子说："哎呀，爸爸今天在公司里忙了一天，累得腰酸背痛。好闺女，你能帮爸爸按摩一下吗？"父母这样说，孩子一般不会推辞，肯定会积极表现一下，让父母感受到自己的关爱。

4. 需要帮助的时候

出门在外东西太多、太重时，父母可以和孩子说："宝贝，这个西瓜太重了，我一个人提不动。你和我一起提好吗？"家里的电器不会使用时，父母可以说："儿子，你快来帮妈妈看看，这个电视机怎么调啊？"这样孩子就会知道父母也有很多事情不会做，也需要别人的帮助，从而更愿意主动去帮忙。

话术示例

↴ 换一种方式说话，孩子会心甘情愿配合你

× 快出门了，别磨蹭了！
√ 紧急呼叫汪汪队，到门口集合！

× 帮妈妈收拾一下好吗？
√ 呼叫宇宙无敌小帮手，妈妈需要支援！

× 坐直一点，小心驼背！
√ 这棵"小树"怎么长歪了呀？我来帮帮他！

× 都 10 点了，还不睡觉！
√ 我们一起玩木头人游戏，谁先出声谁就输哦！

× 别玩了，快过来吃饭！
√ 干饭机器人，请开始工作！

× 妈妈累了，不能抱你了！
√ 妈妈牌机器人电量告急，请开启省电模式！

× 不刷牙会长蛀虫哦！
√ 今天是本周宝宝坚持刷牙的第六天，简直太酷了！

5

敢于放手，相信孩子的能力

在父母的眼中，孩子永远是孩子。很多父母认为孩子的经验和见识没有自己丰富，总是不太相信孩子能够做好自己的事情。其实，如果父母能够信任孩子的话，孩子会做得更好。

情景再现

早上，妈妈叫形形起床，然后就赶忙去做早餐。等妈妈准备好饭，进来看到形形正在穿衣服时，急忙跑过来说道："我的小祖宗，你怎么这么慢啊？半天了裤子还没穿上。"说着，妈妈三两下就给形形套上了裤子。

形形坐在餐桌上刚吃了两口粥，妈妈就忍不住端起了她的碗，拿来勺子，把粥喂进她的嘴里，边喂边说："快到点了，赶快吃，要不然一会儿该迟到了。"

形形渐渐习惯了妈妈的帮助，时间长了，很多事情都懒得自己动手了。

你怎么这么慢啊？赶快把裤子穿好。

危害解析

父母认为孩子离开自己就什么事情都干不好，于是凡事都要替孩子代劳。父母不愿意放手的做法，虽然能够保护孩子，却会影响孩子今后的发展。

不具备生存能力：很多父母会无微不至地照顾孩子的饮食起居，比如穿衣、吃饭、走路等，家务活更是不让孩子帮忙。孩子什么事情都不需要自己动手，只需要好好享受就行。能力得不到锻炼，孩子发展得会比同龄人缓慢，而且会养成惰性，什么都懒得做，难以独自生活。

遇事不能独立解决：孩子习惯了坐享其成，就会事事喜欢依赖别人。孩子过于依赖别人，遇到一点问题就会失去主张，不知道该怎么办，只想寻求父母和别人的帮助，根本不能独当一面。

心理解读

很多父母不肯对孩子放手，是因为对孩子有很强烈的保护欲。从生活上到学习上，父母总是害怕孩子受伤害、做不好、做不了，因此会过分地担心孩子，总想要竭尽所能地去保护孩子、帮助孩子，让孩子健康快乐地成长。

有些父母不肯对孩子放手，是因为内心的焦虑。父母们都关心孩子未来的出路，所以会担心孩子的成绩、才能、前途等，内心很容易产生焦虑情绪。为了帮助孩子获得成功，很多父母会不停地干涉孩子的学习和生活。

还有很多父母不肯对孩子放手，是因为想要控制孩子。有的父母掌控欲很强，害怕孩子脱离自己的掌控，认为孩子的行为和决定必须遵照自己的意愿，于是找各种借口干预孩子的事情，想要让孩子离不开自己。

事实上，父母相信孩子能够处理好自己的学习和生活，不仅能够建立起良好的亲子关系，还能让孩子变得更优秀。

父母对孩子的信任能够加强孩子的自信心。父母相信孩子，孩子也会相信自己。父母的信任对孩子来说是一种肯定和鼓励，能让孩子变得自信满满、一往无前，更有勇气去面对未来。

孩子的成长和发展，离不开父母的信任和放手。当孩子逐渐长大，父母要适当地将更多独立的机会交给孩子，让孩子获得更多的宝贵经验，以便在将来更好地应对生活。

在教育孩子的过程中，父母要懂得放手。那么，父母应该如何去做呢？

专家建议

1. 放手让孩子尝试

只要不涉及人身安全和其他原则性的问题，孩子想要尝试独自做某件事情，父母千万不要阻止，而是应该放手让孩子去尝试，相信孩子可以做到。比如，孩子想要学习下围棋，父母可以说："你确定想要学围棋吗？围棋比较难，不过如果你想学的话，爸爸支持你去试试。"

2. 放手让孩子失败

很多父母会尽力让孩子避开失败。其实孩子越早经历失败，长大后越能正确地面对成败，不会害怕失败。比如，孩子学习围棋没多久，就想要参加比赛，父母可以对孩子说："你刚学围棋不久，参加比赛可以验证你的学习成果。成功了，爸爸为你高兴；失败了，也没什么，咱们继续努力。"

3. 放手让孩子吃苦

父母不必刻意让孩子吃苦，但是当孩子需要吃苦的时候，父母应该支持他们，让孩子学会坚持和忍耐，以便在将来遇到问题时能够从容应对。比如，孩子想要提高跑步的速度，需要经常练习，父母应该鼓励孩子："想要提高跑步的速度，就要不断地练习。妈妈会陪着你，给你加油的。相信你一定能跑得更快！"

话术示例

➡ 父母的语言决定孩子的一生

1. 当孩子忘了写作业时

错误：一点都不自觉！

正确：你很少忘记写作业，因为你一直都很自律，如果需要帮助就告诉我。

2. 当孩子撒谎时

错误：嘴里没有一句实话！长大还了得！

正确：你害怕被指责，害怕我不再爱你，所以没说真话，我相信你不是故意的。

3. 当孩子不敢尝试时

错误：勇敢点，这有什么呀！

正确：我相信你行的，再试试看，做不到也没关系，我陪着你。

6

给犯错的孩子解释的机会

人都会犯错，孩子更是如此。当孩子犯错之后，父母不要过多地责备孩子，更不要对孩子失去信任和耐心。给孩子解释的机会，能够帮助孩子更好地改正错误。

情景再现

一天，妈妈下班回到家，发现厕所地板上的水流得到处都是，而洛洛正在卖力地擦着地板。

妈妈急忙把洛洛拉出来。看着厕所里的一片狼藉，再看看洛洛浑身上下衣服都湿透了，妈妈勃然大怒："我每天这么累，还要收拾你的烂摊子。看看你把家里弄成什么样了?!"

洛洛刚想说话，妈妈就喊道："快去换衣服，成天就知道捣乱!"等妈妈收拾完毕，火气消了，她问洛洛到底怎么回事。

洛洛说，她看妈妈每天很累，就想学着自己洗衣服，没想到把水弄到了地上。妈妈这才发现自己误会了洛洛。

看看你把家里弄成什么样了?! 成天就知道捣乱!

危害解析

很多父母认为，孩子犯错之后急于辩解，是为了避免受罚。其实，孩子想要解释，是为了获得父母的信任。假如父母不愿意听孩子解释，孩子会受到很大的伤害。

孩子感觉不服气：很多父母没有调查清楚事情的来龙去脉，也不愿意听孩子解释，就按照自己的经验断定孩子是错的。父母这样做会让孩子受到委屈，也会失去孩子的信任。孩子会变得不尊重父母，不服从父母的管教，越来越不听话。

不愿意和父母沟通：如果父母不听孩子的解释，只是一味地责骂孩子，那么孩子会认为父母不理解他，从此失去和父母沟通的欲望，也不愿意和父母分享自己内心的想法，和父母之间的关系会越来越糟糕。

心理解读

现在的父母普遍文化程度比较高，也更重视对孩子的教育，但是当孩子犯错时，他们仍然不愿意给孩子解释的机会，这大多数是因为父母喜欢先入为主。很多父母自视甚高，凡事都喜欢主观臆断。当孩子想要辩解时，他们就会认为孩子想推卸责任。等真相大白的时候，他们又会埋怨孩子不肯和他们解释。

有的父母会打断孩子的解释，是因为这时候父母的情绪不好。人在生气的时候，往往只顾着发泄愤怒，很难静下心来和别人沟通。再加上孩子因为恐惧而不知所措的样子，只会让父母更加生气，导致父母大发雷霆。

还有些父母不给孩子解释的机会，是因为孩子在解释的时候没有条理，一时之间说不清楚具体的情况。而父母没有耐心等待孩子捋清思路，所以就直接剥夺了孩子解释的权利。

那么，当孩子犯错时，父母应该怎样做才能正确地对孩子进行引导呢？

专家建议

1. 询问孩子发生了什么

在事情发生后，父母不要按照自己的经验或者看到的情况就妄下定论，坚持认为孩子有错，而是应该询问孩子发生了什么。比如，父母看到花瓶碎了一地时，孩子站在旁边，可以询问孩子："花瓶怎么碎了呢？"而不是说："一定是你把花瓶打碎了！"因为事情的真相有可能是宠物将花瓶打碎，孩子恰好路过。让孩子来陈述事实，既能给孩子一个辩解的机会，又能缓解父母愤怒的情绪。

2. 消除孩子的恐慌

孩子在犯错之后，无论是有意还是无意，内心都会感到恐惧。这时候，父母应该先稳定孩子的情绪，让孩子知道犯错并不可怕，父母会理解他。例如，孩子洗碗时打碎了碗，父母可以和孩子说："我知道你不是故意把碗摔碎的，你也是想帮我们做家务。现在你心里肯定难过，我不会批评你的。"父母的包容能让孩子放下戒备，减少孩子因为害怕而说谎的可能性。

3. 和孩子一起寻找犯错的原因

孩子平静下来后，父母可以和孩子一起寻找出错的原因，看看到底是孩子缺乏经验，还是没有养成好的习惯。比如，孩子做饭时把菜炒煳了，父母可以告诉孩子："炒菜的时候要随时注意火候的大小，汤汁收得差不多时要关火。"孩子找到犯错的原因，就能将这次的错误变成学习的机会。

4. 询问孩子打算如何处理

找到犯错的原因后，父母还要询问孩子接下来打算如何处理这件事情，还可以让孩子思考自己的处理方法是否恰当，会有怎样的结果。比如，孩子和别的小孩打架，父母可以问孩子："你现在打算怎么办呢？要不要和人家和好？"如果孩子因为不好意思，不想主动和好，父母可以提醒他："你不想和好，就会失去一个好朋友。而且是你先动手的，你应该主动去道歉。"

第四章

鼓励和期望
唤醒孩子的内驱力

1

不停贬低，只会摧毁孩子的上进心

父母都希望孩子能够上进，采用的方法却是不断贬低和否定孩子。父母的初衷是好的，可是这种错误的办法非但不能让孩子积极上进，反而会将孩子的上进心毁之殆尽。

情景再现

考试结束，菲菲这次还是第十名。妈妈问菲菲："上次你也是第十名，你怎么就考不进前三呢？"

菲菲不解地说："第十名怎么啦？老师还夸我成绩稳定呢。"

妈妈冷笑道："现在的题目不难，你才考第十名，以后越来越难，你能保证不会滑出前十吗？"

看菲菲没说话，妈妈继续挖苦道："第十名就满足了，一点上进心都没有。没一点进步还沾沾自喜……"

妈妈的话让菲菲失去了动力。后面的考试，她的成绩不但没更进一步，反倒滑出了前十名。

上次你也是第十名，你怎么就考不进前三呢？

危害解析

心理学专家苏珊·沃德曾说："孩子总会相信父母说的有关自己的话，并将其变为自己的观念。"父母经常贬低孩子，会给孩子带来很多负面影响。

自尊心和自信心受到伤害：父母的贬低对孩子来说是一种语言暴力。经常被父母否定和批评，孩子会认为父母不接受、不支持自己，从而感到焦虑、沮丧和无力。父母经常贬低孩子的能力和人格，还会导致孩子出现严重的心理问题，患上抑郁症、焦虑症等。有的孩子在压力的影响下甚至会出现自残、自杀等行为。

影响孩子的学习和发展：孩子经常受到贬低，总是被父母说"你不行""你不好"，可能会丧失对于学习的兴趣和动力，出现自暴自弃的情况。因为无法认可自己的实力，孩子有再大的潜力都无法发挥出来，而且孩子会主动放弃很多锻炼和提升的机会，影响自己的成长和发展。

心理解读

父母喜欢贬低孩子，首先是受到了传统文化的影响。在中国的传统文化中，一直强调人应该时时保持谦虚谨慎的作风。很多父母为了防止孩子有了一点成绩就沾沾自喜，就会不由自主地在孩子骄傲的时候打击孩子，好激励孩子不断拼搏，努力进步。

父母喜欢贬低孩子，其次是因为父母对孩子的期望较高。父母希望孩子能够变得优秀，最好能够超过自己。当孩子没有达到父母心中的目标时，即使孩子付出了努力和辛苦，父母也会视而不见，仍然用贬低的方式来鞭策孩子，想要唤醒孩子的羞耻心，让孩子奋发图强。

父母喜欢贬低孩子，还有一个原因是为了发泄自己的压力。有些父母会通过贬低孩子来减轻自己所受到的压力、产生的焦虑，或是表达自己的不满，但这会让孩子感到无所适从。

父母对孩子使用"激将法"作用不大，孩子并不会因为被贬低而受到激励。想要提升孩子的上进心，父母应该给孩子一些正面、积极的反馈和鼓励。

那么，父母应该如何正确地鼓励孩子，让孩子更加上进呢？

专家建议

1. 肯定孩子做得好的地方

有些父母总是打击孩子，是因为关注点在于孩子的缺点或是没做好的地方。如果父母能够肯定孩子做得好、做得对的地方，孩子会拥有更多的勇气和自信。比如，孩子做了 10 道题，错了一半，父母可以这样对孩子说："10 道题里面对了5 道题，看来老师讲的知识，你掌握了一半。你回头再复习那一半，下次做题就能做得更好了。"

2. 夸奖孩子的一点点进步

不管孩子取得了什么样的进步，父母都应该为孩子感到高兴，哪怕只是一点点微不足道的成绩。比如，孩子这次考试只得了 80 分，但是比上次提高了 10 分，父母可以和孩子说："你这次考试成绩提高了 10 分，有很大的进步呢。咱们争取下次再提高 10 分。照这样下去，你的成绩会稳步提高！"

3. 赞美孩子的优点和长处

有些父母喜欢拿自己孩子的缺点和别人孩子的优点去对比，在这样的比较下，孩子会将自己的缺点和短板无限放大，忽视自己的优点和长处，逐渐丧失信心。比如，孩子发现自己画的画不如别人好，父母可以安慰孩子："没关系啊，妈妈觉得你的配色很有冲击力。至于其他方面，多练习的话，应该会有进步的。"

4. 理解孩子的失败

孩子失败的时候，批评和责备会让他对自己感到失望，进而放弃努力。父母如果能够给予孩子理解和支持，孩子就能从失败中汲取经验，争取下次的成功。比如，孩子在比赛中失败，父母可以和孩子说："失败一次没什么大不了的，以后还会有很多比赛，咱们还可以再努力，争取下次取得胜利。"

话术示例

 会说话的妈妈，一开口就赢了

1. 孩子拖拉、磨蹭的时候

× 每天都磨磨唧唧，没有一点时间观念！

√ 妈妈知道你有自己的想法，但是现在妈妈有事情，可以跟上我的节奏吗？

2. 孩子说脏话的时候

× 怎么又说脏话了，一点教养都没有！

√ 你刚才这样说话是很没有礼貌的，下次可不能再这样说话了，知道吗？

3. 孩子哭泣的时候

× 就知道哭哭哭，你真没用！

√ 妈妈看到你很难过，妈妈很担心你，发生什么事情了？你需要什么呢？

4. 孩子不愿意分享的时候

× 分苹果给妹妹吃都不愿意，你真小气！

√ 这是你的苹果，你自己决定分不分给妹妹吃，没关系。

▼2

不怕麻烦，给孩子尝试的机会

在教育孩子的过程中，父母嫌麻烦而阻止孩子去尝试，会让孩子丧失探索世界和学习成长的机会，甚至会像被禁锢在玻璃瓶里的跳蚤，再也没办法跳出去。

情景再现

放假了，多多想要出去玩，妈妈同意了。多多特别高兴，一直吵着要去海边。妈妈不同意，说："海边太远了，再说现在天气还没暖和起来，你去了之后感冒怎么办？"

多多央求道："我多穿点衣服还不行吗？妈妈你就带我去吧，我就想玩沙子。"妈妈还是不同意："你玩完沙子，肯定弄得一身脏，回头还要我给你收拾。"

多多还想说话，妈妈不由分说地做出了决定："还是去公园吧，环境又好又安全，离得也不远。就这么决定了。"

多多很生气，但是又无可奈何。

危害解析

孩子生来就对一切东西都有好奇心，玩耍、观察、思考、提问都是他们探索世界的方式。父母怕孩子"惹麻烦"，会在无形中束缚住孩子，这极大地影响了孩子的成长。

抑制孩子的创造力：想象力是孩子的天赋，所以他们很喜欢一些具有创造性的活动。如果得不到父母的支持，孩子的创造力就得不到锻炼。孩子无法对外界进行探索，也就不可能有所创造。

扼制孩子的创新思维：孩子的思维方式与成年人不同，所以很多时候，父母眼里的"搞破坏"其实是孩子想要发明创造。越喜欢自己动手的孩子，思维就越活跃。假如孩子在有想法的时候却得不到施展，久而久之，他们的创新思维就会被扼制。

心理解读

在美剧《小谢尔顿》里，小谢尔顿是一个智商超群的神童。一次，他就宇宙飞船安全降落的问题，向科学家提出疑问，却被对方敷衍了过去。于是，他就把自己的想法写成信寄给宇航局，却迟迟得不到回复。

小谢尔顿的爸爸为了支持儿子，不厌其烦地亲自开车带他去休斯敦，只是为了让他能够在科学家面前阐述自己的观点。可以说，小谢尔顿能够如此优秀，离不开父母的支持。但是，为什么有些父母还会怕麻烦呢？

很多父母害怕麻烦，是因为觉得孩子在浪费时间。父母往往会以结果为导向，而孩子更重视的是做事情的过程。当孩子不厌其烦地一遍遍地做某些事，或者提出稀奇古怪的问题时，父母会认为这样毫无意义，是在浪费时间。

有些父母害怕麻烦，是因为不想给孩子的创造"善后"。很多孩子在玩耍或尝试创造的时候，会把家里弄得又脏又乱，而父母就要跟在孩子身后反复地收拾，这对于父母的耐心是很大的挑战。为了避免辛苦整理的劳动成果被破坏，父母就会限制孩子的活动。

还有些父母害怕麻烦，是因为想要减少孩子受伤的可能性。孩子在探索新奇事物的时候，很可能会因为一时疏忽而受伤。父母为了孩子的安全考虑，就会将潜在的"危险"排除掉，让孩子远离有危险的东西。

那么，当孩子想要去尝试、去探索的时候，父母应该如何做呢?

专家建议

1. 保证孩子的安全

孩子有尝试的欲望时，父母应该在力所能及的范围内给孩子提供保护，让孩子尽量少受到伤害。比如，孩子想要尝试滑滑板，父母可以给孩子提供手套、头盔等保护器具，告诉孩子:"你在练习滑滑板的时候，把这些护具穿戴好。爸爸在旁边保护你，你不要害怕，大胆去练。"

2. 和孩子做好约定

在孩子开始尝试之前，父母可以事先和孩子做好约定。提前制定规则，能让孩子知道该怎么做，也能尽量给父母减少一部分麻烦。比如，孩子想要帮妈妈包饺子，妈妈可以和孩子说:"你想帮妈妈包饺子，妈妈很高兴。不过，咱们要提前说好，你不要把面粉弄得到处都是，否则的话你要自己去打扫干净。"

3. 参与到孩子的活动中

既然孩子想要制造"麻烦"的想法不可抑制，那么父母不如亲自参与其中。当孩子需要帮助的时候，父母可以适时地帮助孩子解决困难，用自己的经验给孩子以指导，帮助孩子更快地达成目标。比如，孩子想要用积木搭一个不一样的城堡，父母可以和孩子说:"你想再玩一次吗? 那妈妈和你一起玩。我知道一种新办法，能把积木搭得又快又好看。"

话术示例

 父母的语言决定孩子的一生

1. 商量的语气

妈妈想跟你商量一下，家里要来客人了，我们一起收拾一下房间好吗？

2. 信任的语气

我相信下一次你会做得更好！

3. 赞赏的语气

妈妈为你付出的努力而感到骄傲！

4. 尊重的语气

我正在工作，宝贝请给妈妈 10 分钟安静的环境好吗？

5. 鼓励的语气

下次我们换这种方式试试看，应该会有好的结果。

↘ 3

困难面前，激励孩子迎难而上

很多父母都不明白孩子为什么遇到困难就想退缩、逃避，就是不愿意去解决。其实，孩子这样做固然有他的原因，但是父母适时的鼓励也很重要。

情景再现

在小文的强烈要求下，妈妈给她报名参加乒乓球训练。可是，一段时间的训练后，小文一直接不到球，练了几天也没有进步。她感到十分灰心，跟妈妈说："打乒乓球太难了，我不想练了。"

妈妈批评小文说："当初是你说要练乒乓球，我才给你报名的。现在你遇到一点困难，就说不想练了，怎么一点苦都吃不了呢？"

小文不满地说："我就是不想去了，要去的话，你去。"

她的话惹怒了妈妈，妈妈忍不住说道："你这孩子真是没出息！"

母女两个人吵了起来。

危害解析

面对无法解决的难题，很多孩子都会产生逃避的心态。父母如果因为孩子还小，对此觉得无所谓，不仅会让孩子养成遇事逃避的不良习惯，还会给孩子未来的发展带来影响。

变得消极悲观： 和成年人一样，孩子不敢正视问题的行为就是一种"鸵鸟心态"。经常逃避现实的孩子，就算知道解决方法，也会选择放弃行动，而不作为肯定会面临失败，这又会加剧孩子的不自信。长期处于这种恶性循环之下，孩子会变得悲观，即使面对自己能够解决的问题，也无法积极应对。

丧失思考和解决问题的能力： 心态积极的孩子面对问题时，会主动思考，积极寻找解决问题的方法。而心态消极的孩子，想的都是如何摆脱困难的处境。他们把本可以动脑筋想出解决方法的时间都用在了不安和祈祷上面，思考和解决问题的能力都无法得到锻炼。

心理解读

孩子面对困难想要逃避，首先是因为大脑的本能反应。人在遇到压力时，大脑中主观决策判断的前额皮质就暂时无法发挥作用，而大脑中对压力极其敏感的杏仁核，则会掌控大脑，做出防御或攻击行为。因此，人就会出现恐惧和逃避的反应。

孩子面对困难想要逃避，其次是因为不想面对失败。逃避困难其实是孩子的自我保护。有些父母的要求很高，给孩子带来很大的压力。这些孩子害怕失败后受到父母的指责，自然而然会选择退缩。

孩子面对困难想要逃避，再次是因为他们觉得问题无法解决。孩子年龄小的时候，自身的能力比较薄弱，心理素质相对来说也比较差。在遇到问题的时候，孩子很容易将问题看得很复杂，觉得自己无力解决，难免会萌生退缩的心理。

孩子面对困难想要逃避，也可能是遇到了不想做的事。有的孩子因为不想做某件事，会想尽办法去逃避，甚至用撒谎等耍小聪明的方法来欺骗父母。

面对困难迎难而上，能够提升孩子的抗压能力，增强孩子的意志力。不过，父母在鼓励孩子迎难而上时，也要分析困难的程度，还要考虑孩子的实际情况，避免过高的难度让孩子产生挫败感。

那么，在面对困难的时候，父母要如何帮助孩子学会应对的方法，减少畏难情绪呢？

专家建议

1. 帮孩子舒缓不安的情绪

当孩子想逃避困难时，父母应该先帮助孩子安静下来，让孩子做些喜欢的事情，使精神放松下来。这样孩子才能从低落的情绪中走出来，重新燃起斗志。比如，孩子因为题目难，不想写作业，父母可以和孩子说："题目做不出来，你心里很难受吧？那咱们先歇会儿，去吃点零食，或是先看会儿漫画书，等会儿再来做题吧。"

2. 和孩子一起分析困难

孩子有逃避行为时，父母可以和孩子一起分析问题的症结所在以及通过哪些方法可以解决它。如果孩子解决起来有难度，父母还可以给孩子提供一些帮助。比如，孩子因为成绩不好，有点厌学，父母可以和孩子说："你不想学习是因为考试没考好，没考好是因为有些知识没有掌握好。多复习、多练习就能够解决这个问题。你要是不知道怎么办的话，妈妈可以帮你做个计划。"

3. 给孩子积极的心理暗示

积极的心理暗示是对孩子的一种鼓励，能让孩子对自己产生信心，从而向好的方向发展。比如，孩子担心比赛会输，父母可以和孩子说："你上次比赛不是赢了吗？这说明你有能力。虽然这次的对手挺强的，但是你可以试一试。"

4

孩子成绩退步，如何鼓励

孩子的成绩很可能有时候好，有时候坏。责骂孩子会降低他想要提高成绩的动力。父母这时应该做的是，鼓励、安抚孩子，让孩子重新树立起学习的信心。

情景再现

小雨平时的语文成绩平均都在 90 分以上。不过，这次考试她有些大意，只得了 80 分。妈妈一看到试卷就气炸了，拿着手上的扫帚就往小雨身上打了好几下。

妈妈一边打一边质问小雨："这回才考了 80 分，为什么成绩下降这么多？你是不是偷懒没好好复习？"

还没等小雨解释，妈妈又吼道："我和你爸爸为了培养你，不舍得吃，不舍得穿，你就拿这样的成绩回报我们吗？"

小雨内心十分委屈，但是不敢说话。从此以后，她的成绩直线下降，妈妈再多的打骂都不起作用。

以前不是都考 90 分吗？
为什么这回才考了 80 分？

危害解析

孩子的成绩下降时，很多父母往往会劈头盖脸地先批评孩子一顿，甚至会打骂孩子。其实，父母这样做既达不到目的，对孩子的学习也起不到积极的作用。

逃避学习：很多父母认为批评和打骂能够引起孩子对于学习的重视，受到父母的教训之后，孩子能够更加努力地学习，把成绩提高上来。其实，父母的批评不仅不利于提高孩子的积极性和学习的动力，还容易导致孩子出现逃避学习的心态，使他们的成绩进一步下降。

出现说谎行为：有些孩子为了避免被责备，免受"皮肉之苦"，可能会想出撒谎欺骗父母的办法，比如给成绩造假或者给自己成绩下降找理由等。假如被父母发现，孩子会受到更严厉的惩罚。假如侥幸成功，孩子今后说谎和欺骗的行为就会越来越多。

心理解读

孩子成绩下降，大部分是因为学习方法错误，比如不会听讲、不会复习等。有的孩子是因为自身不良的学习习惯，导致成绩严重下降。有的孩子是因为贪玩，受到游戏、手机、电视等的诱惑，影响了学习。还有的孩子心情受到负面影响，成绩也会退步。

孩子的成绩下降时，本身就会感到焦虑和不安。但是有些父母会比孩子更加焦虑。有的父母除了责骂之外，还想让孩子了解自己的辛苦，期望孩子能够懂事。有的父母虽然不会责备孩子，但是却会把失望、焦虑的情绪挂在脸上。还有的父母会因为孩子的成绩不好，给孩子扣上"没出息"的帽子，否定孩子的其他优点。

本来孩子就担心自己没考好，会被大家看不起，结果父母的这些做法，更加重了孩子的心理负担，相当于在孩子的伤口上多撒了一把盐。

对于孩子的学习成绩，父母心里应该有一个正确的认识。孩子的成绩有高低起伏是很正常的，父母不应该太过紧张。如果父母说教太多，反倒会让孩子反感，影响学习。

想要真正帮助到孩子，父母要先调整好自己的心态，学会换位思考。无论如何，成绩不好都会让孩子感到不舒服。父母应该理解孩子内心的沮丧和无助，这样才能够得到孩子的信任。如此，父母才能和孩子一起去面对现实，一起找到成绩退步的原因。

那么，孩子成绩出现退步时，父母应该怎样引导孩子呢？

专家建议

1. 让孩子分析退步的原因

孩子成绩下降时，父母可以让孩子先分析一下原因，然后再根据孩子最近一段时间的学习态度和孩子在校的学习情况，分析具体的原因，最后再想办法解决。比如，父母可以问孩子："这次数学的成绩比以往都要低，爸爸想和你讨论一下。你想过是什么原因吗？"

2. 适当地提醒孩子注意

如果孩子的成绩是第一次出现下滑，父母不必如临大敌，否则孩子会感觉天都塌了下来。父母只需要适当地提醒孩子，让孩子引起注意就行了。比如，父母可以和孩子说："这次的成绩略有退步，我看了看试卷，是你审题不仔细。以后考试要认真一点，因为这个丢分很可惜。"

3. 允许孩子适当地放松

孩子没考好肯定会有情绪。父母不要急着催孩子学习，限制孩子玩耍，应该允许孩子适当地放松一下，将情绪平复下来，为以后的学习做好心理准备。父母可以和孩子说："妈妈知道你现在心情不太好，可能看不进去书，那就先去玩一会儿，回头再看书。"

↘5

孩子失败后一蹶不振，怎么鼓励

孩子遇到挫折后，父母的鼓励非常关键。错误的鼓励会让孩子被失败打倒，而正确的鼓励能帮助孩子恢复信心，激发起内在的力量去再接再厉。

情景再现

学校举办了一场足球比赛。因为所在的球队输了比赛，睿睿很难过，比赛结束回到家后一直低着头、哭丧着脸。

妈妈看睿睿不高兴，特意给了一些他爱吃的零食，可是他根本没心情吃。妈妈为了让他振作起来，鼓励他说："不就是一次比赛嘛，从明天起咱们多多训练，下次比赛肯定可以赢！"

见睿睿还是不理她，妈妈继续说道："妈妈相信以你的实力，一定可以赢。宝贝，你是最棒的！"

妈妈连番鼓励，睿睿非但没有感觉好点，心里反而更难受了。

这次输了没关系，下次肯定能赢。加油！

危害解析

孩子遇到困难时，最需要父母的鼓励和安慰。但是有些父母要么只会打击、埋怨孩子，要么看似在鼓励，实际上反倒给了孩子压力，这些对于孩子都起不到很好的作用。

增加孩子的焦虑和痛苦：失败之后，孩子很渴望能够得到父母的帮助，哪怕是鼓励和安慰。但是，如果得到的只是嘲讽和埋怨，孩子会认为父母根本不疼爱他，也不支持他，内心就会感觉焦虑和痛苦。

让孩子产生挫败感：有些父母喜欢和孩子说"我相信你可以做到""别人可以，你也可以"，这些话会给孩子巨大的压力。如果孩子发现自己做不到，就会产生很大的挫败感，认为自己不如别人，再也不肯去尝试。

心理解读

对于失败，很多成年人都无法坦然面对，更别说心智尚不成熟的孩子。孩子在面对失败时有可能会情绪崩溃，甚至自暴自弃。之所以出现这种情况，有以下几个原因：

孩子的心态出现问题。对于输赢，有些孩子并不看重，输了对他们来说没有什么影响；而有的孩子对自身的要求比较高，他们辛苦努力就是为了能赢。因过分注重输赢，当失败来临时，他们很难接受这个结果，心态失衡之下情绪便会崩溃。

孩子经历的挫折较少。有些孩子从小到大都比较顺利，很少甚至根本没有机会经历失败。这样的孩子或是没做好应对失败的准备，或是习惯由父母为他们"买单"，缺少解决困难的经验，一点挫折和磨难都会引起他们的委屈和抱怨。

有些孩子不能从失败中走出来，还因为他们的关注点只在于输赢本身。其实，输赢并不是最重要的，输了的原因才是最应该被重视的。如果孩子的目光仅仅看到失败，那么他们很可能会陷入懊悔之中，难以从失败中走出来，更难获得进步和成功。

那么，在孩子面对困难的时候，父母应该如何引导孩子找回勇气，坚持下去呢？

专家建议

1. "虽然没赢，但是你已经很努力了"

比起成绩，孩子努力的过程更加重要。父母要让孩子明白，成败只是一时的，努力才是最重要的，成功依靠的是坚持和不断的努力。比如，孩子努力复习后，考试成绩仍然不太理想，父母可以和孩子说："虽然这次的成绩还是不太理想，但是你平时的努力我们都看到了。如果你坚持下去的话，成功指日可待。"

2. "无论你是输是赢，我们都爱你"

父母的态度，是孩子永远的关注点。父母要让孩子知道，无论他们成功与否，父母都会一直支持他们。父母的支持，就是孩子最大的底气，能让孩子勇敢地去面对挑战。父母可以和孩子说："无论你赢了还是输了，你都是爸爸妈妈的孩子，我们永远支持你、爱你！"

3. "胜败乃兵家常事"

成功和失败都是人生的常态。父母应该让孩子早点意识到，每个人都会失败，他并不是唯一的一个。父母可以给孩子讲述名人或自身失败的案例，引导孩子不要受到结果的束缚。比如，父母可以说："爸爸有个客户，谈了一个月眼看要签合同了，结果被别人挖走了。我很生气，不过我还是没放弃，后来又和这个客户签了个更大的合同。所以，'失败是成功之母'。"

4. "你知道为什么会失败吗"

凡事都有因果。孩子没有成功，也是有原因的。孩子失败之后，父母应该引导孩子自己分析失败的原因，搞清楚自己错在哪里，避免今后犯同样的错误。比如，父母可以说："考了60分没关系，关键是要知道为什么才考60分。你自己分析过吗？是老师讲的你不理解，还是做题时不仔细呢？"

6

永远不要向孩子"哭穷"

很多家庭的经济条件并不差，但是父母总是刻意地对孩子"哭穷"，为的是不让孩子被惯坏。这样做也许能够达到教育孩子的目的，但是对孩子的不利影响却不容小觑。

情景再现

晨晨和妈妈逛商场时，看到橱窗里有最新款的积木玩具。他想让妈妈给他买下来。妈妈觉得那玩具太贵了，就拒绝了他。

妈妈不想让晨晨缠着自己，和他说："你知不知道咱家每个月要还6000元钱的房贷？你要的那套积木要1000多元。太贵了，咱家没钱，买不起。"

晨晨听完，果然不再闹了。此后再遇到同样的情况，妈妈也会这样说。后来，晨晨很少再和妈妈提出花钱的请求，即使提到，他也是小心翼翼的。看到别的小朋友有好吃的、有新玩具，他总是特别羡慕。

这个太贵了，咱家没钱，买不起。

妈妈，我想要这个，你给我买吧。

危害解析

"穷人的孩子早当家",父母都认为贫穷家庭的孩子既懂事又节俭,所以会在家里营造一种"缺钱"的氛围,想让自己的孩子更上进,可是却忽视了"哭穷"给孩子带来的伤害。

产生"不配感": 父母经常向孩子灌输贫穷的观念,孩子会认为自己不配拥有好的物质条件,不配过上美好的生活,甚至在花钱时会产生负罪感。这会极大地损害孩子的自尊心,导致孩子变得自卑,在人际交往中时刻害怕被人嘲笑,变得极其敏感。

产生错误的金钱观: 假如孩子从小处于物质匮乏的状态,内心的安全感缺失,他们对于金钱就会特别看重,在钱财上斤斤计较。即使长大后拥有了金钱,他们也很难合理地支配,可能会变得过于吝啬,也可能会出于补偿心理进行报复性消费。

心理解读

孩子在成长过程中,在物质上的需求会越来越大。很多父母为了减少孩子的物质欲望,杜绝孩子出现攀比的现象,让孩子懂得金钱来之不易,就会对孩子"哭穷""装穷",目的是培养孩子的节俭意识。

有些父母养家比较辛苦,希望孩子能够明白自己的不容易,懂得父母对他们的爱,于是总会向孩子提及家里"条件不好",想通过这个方法让孩子变得更懂事、更听话、更孝顺。

有些父母认为家庭条件太好,孩子就不知上进,所以就想方设法地让孩子感觉到自家条件不好,甚至是贫穷寒酸的。父母希望这样做能让孩子变得更加有志气、有追求,激励孩子更努力地去学习和奋斗,将来成为人才。

还有些父母是将自己感受到的压力和委屈,用"哭穷"的方式变成牢骚和抱怨,发泄给了孩子,想要寻求孩子的同情和支持。

真正的贫穷并不可怕,可怕的是父母经常在孩子面前强调"贫穷"。即使家庭条件不好,和孩子"哭穷"也并不能改善家庭的困境。想让孩子懂得勤俭、懂得奋斗，父母应该用积极、鼓励的方式去引导孩子，给孩子传递美好的信念和阳光的力量。

那么，父母应该如何对孩子进行教育，帮助他们养成正确的金钱观和消费观呢？

专家建议

1. 正确拒绝孩子超出能力的需求

当孩子的物质需求超出家庭实际的经济能力时，父母应该坦诚地将实际情况告诉孩子，并且和孩子一起商量一个合理的解决方案。比如，孩子想要买一双昂贵的运动鞋，父母可以和孩子说："对不起，儿子，这双鞋快赶上咱家一个月的生活费了，要是买了鞋，咱家好多事就做不了了。要不你看看别的，或者等我们多存点钱再说吧。"

2. 告诉孩子钱是怎么赚来的

父母可以告诉孩子："今天咱们买了菜、肉、水果，还有你爱吃的零食，一共花了200多元钱。这些钱妈妈需要工作一天才能赚到。"如果有条件，父母还可以让孩子体验一下自己的工作，让孩子理解自己的辛苦，学会珍惜父母赚来的钱，比如告诉孩子："这就是爸爸的工作。爸爸要每天这样工作一个月，才能赚到工资。"

3. 教导孩子合理地支配零用钱

父母可以适当地给孩子一些零用钱，引导孩子合理地分配和使用，可以和孩子说："我们每个月给你50元钱作为零花钱，但前提是你要做一个计划，告诉我们你打算怎么花。还有，要是提前花完了，你就要等到下个月才有钱花了。"

4. 告诉孩子生活状况可以被改善

父母要让孩子知道，努力工作和认真学习可以改善家庭的经济条件。父母可以和孩子说："爸爸妈妈想要提高收入，让咱们家变得更好，所以每天都在工作。

你也要认真地学习，将来才能过上更好的生活。"

话术示例

 父母这三句话会毁掉孩子一辈子

一定要少说的三句话

1. 家里穷

总强调爸妈赚钱不容易，要省着点花，说多了孩子就会有负罪感。

2. 别惹事

说多了孩子就会失去自我保护能力，被欺负了也不敢反抗。

3. 我都是为你好

不考虑孩子的感受，不给孩子选择的权利，以后孩子会变得没有主见。

第五章

温柔和坚定
对孩子说"不"也要讲艺术

1

请在6岁前对孩子说"不"

父母如果在6岁之前对孩子说"不",他尽管会因为你的拒绝而伤心,但最多也只是痛哭一场,大不了哭到声嘶力竭、满地打滚。可如果你等他到12岁进入青春期以后,才开始跟他说"不",就为时已晚了。

情景再现

  妈妈带着乐乐出去吃饭,刚吃一会儿,乐乐就闹着要玩手机。事实上在出门前,他已经玩了一个多小时了,因此妈妈果断道:"不行!"没想到,乐乐马上开始要赖,直接躲到桌子下面不肯出来,还用自己的头不停地撞地板,撒泼道:"我要玩,我要玩……"

  妈妈多次警告无效,乐乐依旧大哭大闹。为了不在外面"丢人现眼",妈妈只得无奈地拿出手机给乐乐玩……

别哭了,只能玩一会儿知道吗?

危害解析

父母要在孩子6岁之前及时说"不"，让孩子知道任何事情都是有底线的。如果等到孩子很大时，父母才拒绝，那么他们就很容易出现极端行为。

用身体甚至生命威胁你：进入青春期的孩子，已经有了对付你的各种能力和办法，当你才对他说"不"的时候，他就会用离家出走甚至自残、自杀等伤害自己的方式来威胁你，比如有个14岁的孩子，因为被父母说了两句，便拿菜刀在手腕上留下了十几道深深的伤口……

受挫能力差：如果孩子从小没有被拒绝的经历，那么他就会觉得一切都理所当然，所有事情都要符合他的要求，所有人都必须向他妥协，一旦遭遇拒绝，便无法接受，做出极端的事情来，比如有个12岁的孩子，因为家人不让玩手机，直接从6楼跳了下去……

养成任性的性格：如果孩子总能通过哭闹达到目的，就会让他有一种错觉：是不是因为我闹得还不够才没有得到我想要的？于是，每当他想达到某种目的时，就会使用哭闹的方式。父母一味地妥协最终养成孩子刁蛮任性的性格。

不懂得感恩，自私冷漠：从小处于"要风得风，要雨得雨"的成长环境，孩子便体谅不了他人的付出，也学不会感恩。这样的孩子无疑是自私冷漠的，在以后的工作和生活中也必然处处碰壁。

心理解读

没有尽早对孩子说"不"的现象为何如此普遍呢？很多父母或者爷爷奶奶，因为自己小时候缺这缺那，便拼命地将孩子当成"补偿"的对象。另外，很多家庭只有一个孩子，全家人都视若珍宝，不舍得让孩子因为需求没有被满足而感到失落或伤心。

还有些父母会觉得，拒绝孩子的要求会让自己充满愧疚感，会使自己看起来像个坏人，尤其在孩子还小的时候，他们会下意识地劝服自己"孩子年纪小不懂事，等他大点再好好管教他"，结果错过了说"不"的黄金时间。而当父母发现孩子变本加厉，非常不像话的时候，孩子已是打不得、说不听、骂无用了。

所以，父母要趁早与孩子进行一场说"不"的较量。具体要怎么做呢？

专家建议

1. 抓住时机，坚决说"不"

在3岁之前，孩子一般会通过哭泣的方式来表达不舒服的感受，这个时候我们要尽可能地回应他的哭泣，消除他的痛苦。但随着年龄的增长，他的哭泣便不只是因为身体上的痛苦了，很多时候是一种想要达成某种目的的手段。比如，当他看见商场里的玩具非要买，不买就大哭大闹的时候，我们就要有意对其进行说"不"的教育了。

2. 第一次说"不"后的正确反应

我们第一次拒绝孩子的时候，孩子可能会继续哭闹，这时我们不要打骂他，也不要给他讲道理，更不要直接走开，要让他感受到你绝不让步的坚定态度。此时我们最好的应对办法其实是坐在他跟前，心平气和地看着他哭。刚开始的时候，他可能会很伤心，还会很愤怒。等他发现即使再怎么费力哭闹，也达不成目的的时候，他就不会再无理取闹了。

3. 提供其他解决方案

在对孩子说"不"的时候，也要注意，不能光拒绝就完事了，父母有必要给孩子一个备选方案。这样做，孩子就能知道，拒绝并不代表大家之间的关系就不好了，解决问题也不是只有一种方法。比如，孩子想要商场里的汽车玩具，父母可以给孩子提供另一种解决方案，告诉他商场的玩具性价比低，网上的就便宜很多。这样一来，他也会觉得没必要非得在商场里买了。

4. 切忌用谎言欺骗孩子

孩子的好奇心非常强，父母做什么他们都想跟着学。比如，父母在吃一些食物的时候，孩子也吵着要吃，而这些食物并不适合小孩子吃，于是有的父母就欺骗孩子，告诉他们"这个不好吃"，甚至说"这个有毒，不能吃"。但谎言终究是谎言，等到孩子以后知道真相，他们就会对父母失去信任。

孩子撒泼耍赖，如何做到温柔而坚定

孩子撒泼耍赖，如果我们上来就不分青红皂白地指责，就很容易对孩子造成伤害。只有温柔而坚定的沟通，才是最有效的方式。

情景再现

　　每次妈妈带轩轩去商场，轩轩总要赖在玩具店里不走，可是家里的玩具已经多到放不下了，于是妈妈说什么也不给他买。

　　轩轩不死心，躺在地上哭闹，惹得周围的人纷纷侧目。妈妈忍不住发火道："不买！家里都那么多了。不要哭了，快站起来！"结果轩轩哭得更大声了，丝毫没有要起来的意思。

　　于是妈妈提高了声音威胁他道："你到底走不走？再不走，我可走了！"说完拔腿就走。轩轩只得连滚带爬，哭天抹泪地跟上，抱着妈妈的腿哭得更凶了……

危害解析

当孩子已经采用撒泼耍赖的手段表达自己的需求时，本身就已经说明他们的情绪没有被正面回应。此时，如果父母再选择粗暴地拒绝或者视而不见，孩子的心里只会更受伤。

变得懦弱自卑： 父母粗暴地拒绝孩子，会给孩子传递否定信息，让他们变得不自信。孩子很可能从此遇事畏畏缩缩，即使是合理利益也不敢争取，形成懦弱的性格，甚至变得很自卑，觉得自己不够好、不配拥有。

引起本能的逆反和防御： 父母用粗暴的语气拒绝孩子，希望能快速解决问题，然而不仅没有解决问题，还陷入了一种恶性循环。孩子很可能会产生一种对抗心理，父母越是不让做什么，他就越要做什么。

产生恐慌感： 父母在拒绝孩子的时候，如果不能控制好自己的情绪和语气，孩子受到传染，也会变得急躁、害怕、混乱，从而不能冷静下来思考自己的问题。

心理解读

生活中，很多父母在面对孩子的不合理需求时，往往没说几句就失去了耐心，不是大声呵斥，觉得道理都在自己这里，就是以势压人，觉得"我是家长，你就该听我的"，要么干脆对孩子动手。

还有些父母拒绝到最后，实在拗不过，为图省事索性直接"投降"，满足了孩子的无理要求，导致原则丧尽，威信尽失……这些都不是好的处理方式。

孩子总会有各种各样的要求，不可能每一种都马上满足他们，父母拒绝孩子也是有着一些正当的理由。当孩子暂时不能接受父母的正当理由时，父母要用温柔的语言和平和的态度，平复孩子的情绪，耐心倾听孩子的想法，理解孩子，然后坚定地说出自己的立场和要求，给出参考意见，帮助孩子走出眼前的困境。

那么，具体该怎么做呢？

专家建议

1. 温柔表达爱，不要气急败坏

拒绝孩子很容易给孩子一种"我不爱你"的错觉。在孩子撒泼耍赖的时候，父母要先表达对孩子的爱，传递出"我爱你这个人，但不能接受你刚才的行为"这样的信息，那么孩子即使会因为被拒绝而不高兴，情绪也会在可控的范围内。事实上，孩子每次耍赖的时候，也是最需要爱的时候，一如既往的爱能帮孩子建立良好的安全感。

2. 适度协商，不要威胁恐吓

威胁恐吓或许能让孩子乖乖听话，但也很容易给孩子造成很大的心理阴影。其实，孩子并没有那么贪婪，当他们感觉到心理需求被满足，往往很愿意与父母好好商量。

3. 表达理解，不要事后"补刀"

对于孩子任何不合理的需求，父母都要表达理解，但是理解孩子的心理，并不是放纵孩子的行为。父母要做的是安抚孩子的情绪，表达自己的理解和宽容，让孩子的情绪慢慢平复下来，再积极引导。这个时候，父母千万不要"补刀"，要注意保护孩子的自尊心。

4. 沟通的语气要温柔

父母与孩子沟通时的语气要温柔。父母只有控制好自己的情绪，才能稳住孩子的情绪。不论孩子的脾气有多糟糕，情绪有多激动，做的事情有多荒诞，作为父母，首先要把自己看到的事情和自己的想法通通压下，然后蹲下来，心平气和地与孩子进行沟通。

5. 纠正错误行为要温柔

父母在纠正孩子的错误的时候也一定要温柔，这并不是让父母在孩子面前示弱，而是要让父母用温柔的态度去化解孩子的尴尬，同时包容他们的紧张情绪，引导他们把事情往好的方向去做。当一个孩子犯错后也能被温柔对待，那么他也将会对身边人保持着温柔和善的态度。

话术示例

 孩子打滚撒泼，怎么说

千万要少说

- 我不要你了，我不喜欢你了！
- 你是个令人讨厌的孩子！
- 我数仨数，1、2、3！给我憋回去！
- 说了800遍了，你怎么这么笨呢！
- 我从来没见过你这种不讲理的孩子！

一定要多说

- 你好好吃饭，快快长大就可以保护妈妈了。
- 你好好学习，以后就有能力帮助更多的人了。
- 爸爸妈妈会纠正你的错误，但我们永远爱你！

3
孩子想玩手机，这才是正确的回应方式

很多孩子和父母因为玩手机的问题闹得不可开交，甚至爆发巨大的家庭矛盾。孩子想玩手机，父母到底是给还是不给？

情景再现

放暑假了，晨宇每天疯狂玩手机。

妈妈喊道："吃饭了！别玩了！"晨宇完全沉迷在手机世界里，充耳不闻，好几次都是如此。

妈妈忍无可忍，便把晨宇的手机没收了，只有在上网课的时候才拿给他。结果有一次妈妈发现晨宇根本没有好好上网课，居然还在刷短视频。

妈妈一气之下完全禁止了晨宇用手机，还把手机藏了起来，谁知一转头，又发现晨宇找出来玩了……

危害解析

孩子想玩手机很正常，父母错误的回应方式往往会给孩子带来很大的伤害。

直接拒绝，让孩子很委屈： 直截了当地粗暴拒绝孩子玩手机的请求，会让孩子觉得委屈、压抑。负面情绪的不断积累，会造成严重的心理问题，如果不加以引导，会让孩子的叛逆期更长。

不断妥协，让孩子痴迷手机： 有些父母经受不住孩子的软磨硬泡，最终妥协道："那就玩一会儿吧，不要玩太长时间！"但是"太长时间"到底是多长？这种情况下，只要孩子不主动结束，父母大概率也不会很快收回手机。而孩子就在父母一次次的妥协下，对手机的依赖慢慢增强，最终沉迷其中不能自拔。

心理解读

为什么父母总不能正确处理孩子玩手机的需求？

有些父母将手机当成了"哄娃神器"，甚至孩子还没有要，就把手机扔给了孩子，因为手机确实能立竿见影地帮父母减轻不少"负担"。

孩子不肯吃饭，父母拿出手机给孩子放部动画片，孩子立马就会乖乖吃饭；孩子哭闹，父母拿出手机让孩子打游戏，孩子瞬间就会安静下来；孩子觉得无聊，缠着父母要陪玩，父母掏出手机给孩子，便可以安心工作或休息……父母用手机替代自己陪伴孩子，忽视了与孩子的互动交流，只会让孩子对手机上瘾，而孩子也只会觉得更加孤独。

还有些父母将手机作为奖励和安抚的手段，以"玩手机"的方式给孩子提供物质上的满足或情感上的依赖，让孩子将手机与奖励、安慰联系在一起，最终导致孩子沉迷于手机，并逐步丧失自我控制的能力。

孩子想玩手机其实很正常，父母正确的回应方式并不是给与不给的问题，而是要帮助孩子培养良好的使用手机的习惯。那么，具体该怎么做呢？

专家建议

1. 用"可以"代替"不行"

千万别总在孩子面前唠叨"不要玩手机",或者孩子一表达想玩手机的需求,就直截了当地回答"不行""不可以"。我们可以对他说"我发现手机还可以用来听故事,你要不要试一试""我们可以用手机一起拍个照哦""手机还可以玩数学小游戏呢"等,引导孩子将手机作为"工具"使用,让孩子去探索手机在生活和学习中的正确使用方式。

2. 让孩子去干点别的

孩子无聊想玩手机的时候,我们可以对他说:"我们一起去给花浇浇水吧?"或者说:"你饿不饿? 我们一起去买点吃的好不好?"父母可以像这样让孩子干点别的事情,用转移注意力的方式,委婉地拒绝孩子玩手机的需求。

3. 和孩子聊一聊玩手机的危害

我们可以找个时间与孩子好好聊一聊玩手机的危害,比如,我们可以对他说:"你们班有同学戴眼镜吗? 如果你一直玩手机,就要戴上丑丑的眼镜了哦。而且戴眼镜还会很不方便、很不舒服的。""爸妈跟你聊这个话题,并不是不让你玩手机,也不是想批评你,而是出于关心。学习累了、乏了,玩一下手机游戏是可以的,但重要的时间要做该做的事情,这才是合理的。"

4. 提前与孩子达成协议

孩子想玩手机,你可以与孩子提前达成协议,比如规定每天玩手机的时间,哪些时间段可以玩,玩多久就需要休息一下,什么情况下不能玩手机,以及不能用手机做什么,等等。在和孩子达成一致后,最好把约定写下来,放到显眼的地方,方便孩子随时查看,并严格遵守。

当孩子做得很好时,父母还可以及时表达对孩子的肯定:"我就知道你是一个特别自律的孩子。以前妈妈还不放心把手机给你管理,看来是妈妈错了。你完全可以管理好自己的时间和学习。"

话术示例

"妈妈，我想玩手机"，高手父母如何应对

一般回答

不行，你再玩手机的话眼睛都要玩瞎了！

小孩玩什么手机？你的主要任务是好好读书。

你乖乖听话，妈妈就给你玩。

正确的回答方式

1. 给孩子说出理由的机会

想玩手机，好，给妈妈说说为什么想玩，理由是什么，让妈妈听听。

（注：不管父母心里同意不同意，给孩子一个说出理由的机会，锻炼孩子说服他人、挑战权威的能力。）

2. 让孩子做一个守信用的人

小孩子也可以玩，但一天不能超过 3 次，每次不超过 15 分钟。如果你遵守这个约定，可以给你玩。

3. 试着做孩子的玩伴

宝贝，我们不要玩手机了，一起出去学习骑滑板车吧。学会这个新技能真的超酷！

（注：想让孩子不沉迷于手机，父母就要给足陪伴孩子的时间，这样孩子才能逐渐将手机遗忘。）

4

对孩子"延迟满足",你真的做对了吗

孩子要吃零食或者要买玩具,马上满足会不会让孩子缺乏自控力?不满足会不会让孩子产生"匮乏感"?这个平衡点在哪里?对孩子"延迟满足",你真的做对了吗?

情景再现

娇娇和妈妈走在回家的路上,娇娇看见一个玩具娃娃特别喜欢,就缠着妈妈要买,妈妈找借口说没带钱,下次再买。

娇娇不乐意了,说:"每次你都说下次!"说完便开始哭闹起来。

妈妈劝说道:"听话,别闹。等你下次考到100分就奖励给你。"

娇娇哭得更厉害了:"不嘛不嘛,我现在就要!"

危害解析

父母对"延迟满足"的错误运用，不仅对孩子的成长没什么好处，还可能会造成孩子严重的性格缺陷。

采用极端方式发泄：有些孩子在父母长期的"延迟满足"训练后，表面上可能会变得乖巧懂事，可内心却被长期的"不满足"压抑。一旦脱离父母的控制，他们往往会通过非常极端的方式来发泄内心的不满。

过于乖巧听话：孩子没有反抗父母的能力，当他被拒绝的次数多了，就会被迫变得乖巧懂事。然而，听话只是表象，孩子只不过是从开始的信赖变成了不抱期待、无所谓而已。

失去信任感：说好"延迟满足"，最后父母却没有兑现承诺，这会让孩子觉得父母言而无信，那么下次他就不会再努力达成目标了。

失去安全感：如果孩子太小，尤其是在3岁前，这个阶段正是他们与周围环境建立安全感的关键时期。滥用"延迟满足"会让孩子对这个世界产生严重的不信任，而最初的安全感没有建立，他们以后就会变得极度敏感脆弱。

心理解读

"延迟满足"的育儿理念，源自心理学著名的"棉花糖实验"，它指的是，当孩子有需求时，不立即满足孩子，而是延迟一段时间，这样更有助于孩子成长。

然而，"延迟满足"的核心是让满足"延迟"，而不是让满足"缺席"，它强调的最终目标是"满足"而非"延迟"。生活中很多父母经常曲解这一含义，为了培养孩子的耐心，锻炼孩子的韧性，刻意不去满足他们，结果反而导致孩子的内心欲望极度膨胀，安全感极度缺失。

事实上，"延迟满足"的教育方式是有严格的年龄限制的。有研究数据表明，4岁以下的孩子多数不具备"延迟满足"的能力，5岁以上才有萌芽，而大部分孩子在8~13岁都可以发展出"延迟满足"的能力。"棉花糖实验"的结论是，"延迟满足"是孩子的一种能力，如果孩子在4~5岁能发展出来，那么长大后的成就可能更大，但并未倡导让父母对4~5岁没有这项能力的孩子进行培养。

儿童在成长过程中本身就会经历多个敏感期，父母需要时刻关注孩子的情绪变化，慎用"延迟满足"的训练方法，正视孩子的需求。即使真的想要训练孩子"延迟满足"的能力，也需要掌握合适的尺度以及正确的方法。具体该怎么做呢？

专家建议

1. 告知孩子时间点

在实施"延迟满足"时，父母必须要告知孩子具体情况，并且明确告诉孩子需要在某一个具体时间段内等待，这样孩子在等待的过程中就不会产生焦躁情绪了。

2. 给孩子等待的理由

孩子想吃零食，父母可以对孩子说："妈妈正在做事，你可以等我一分钟吗？"在孩子还小的时候，父母可以简单向孩子解释让他等待的原因，但等到孩子长大后，父母就需要给孩子详细说明理由。

3. 把主动权交给孩子

孩子想要吃糖，但因咳嗽不能吃，你可以说："你现在生病了，不能吃糖。妈妈答应你，如果你等病好了再吃，就可以吃两颗哦！"这样一来，孩子极有可能选择克制自己的欲望，等病好了吃更多的糖，也会慢慢懂得想要获得更大利益，就要先放弃眼前的小利益的道理。

4. 别用谎言来圆"延迟满足"

很多父母想要拒绝孩子的要求，便借助"延迟满足"的说法来搪塞孩子。比如，3岁的孩子想要气球，妈妈就说："等一会儿买完菜就给你买。"结果过会儿就忘了。这时，孩子只会觉得被骗了。当孩子按照你的要求等待结束后，你就必须要及时满足孩子的需求，不能继续增加附加条件或者延长等待时间。

↘ 5

孩子的物质欲望，该满足到何种程度

孩子想要 2000 元钱的名牌鞋、500 元钱的书包，或者哪怕只是 30 元钱的冰激凌，我们要不要满足？面对"吞金兽"层出不穷的物质欲望，我们该满足到何种程度？

情景再现

冬冬和妈妈逛商场，冬冬指着一个文具对妈妈说："这个，我们班的刘维就有，妈妈也给我买一个好吗？"妈妈同意了。

又过了一会儿，冬冬指着一本漫画书说："妈妈，这个出连载了，我也想买。"妈妈犹豫了一下，最终也买了。

紧接着，冬冬又看到了一个新出的玩具手办，便央求妈妈道："这个我等好久了，给我买，给我买！"妈妈一看标价"999 元"，于是果断摇头，说："这个不行。"冬冬听到拒绝不干了，抱着妈妈哭闹："给我买嘛，我想要！"之后，无论妈妈说什么，冬冬都不肯走……

危害解析

生活中，大多数父母都愿意把最好的留给孩子，不想让孩子受一丁点儿委屈，竭尽全力去满足孩子的所有要求。殊不知，过犹不及，过度的满足对孩子来说，是害不是爱。

变得不懂得体谅父母：无底线地满足孩子的一切物质需求，会让孩子觉得一切都理所当然，变得不懂得体谅父母的付出，甚至一旦父母丧失了满足需求的能力，就会被他们无情地推开。

变得好逸恶劳：当孩子的需求只需要一次哭闹就能被满足时，他们就会养成好逸恶劳的恶习。孩子拥有轻松获得成果的能力，又怎么肯再花时间、花精力、花心思去踏踏实实地做事情呢？

缺乏内在价值感：物质上的过度满足，会让孩子的注意力集中到外在的、肤浅的事情上，从而忽略了内在价值的培养。如果一个孩子认为自己的手机更好，或者自己的衣服都是名牌，所以更有优越感，那么一旦他失去这些，他就会觉得自己一无是处。

受挫能力遭到削弱：父母给孩子过于优越的物质生活，孩子无法从生活中得到该有的历练，就会变成温室里脆弱的花朵，一点点风雨都经受不住，一遇到挫折就要死要活。

心理解读

有些父母之所以无法拒绝孩子的要求，是因为内心深处渴望得到孩子的认同，想要和孩子保持良好的关系，害怕自己如果不满足孩子，孩子就会跟自己不亲密，也担心孩子会怪自己"小气"。

也有些父母是因为内心对孩子有所亏欠，比如工作忙不能陪伴孩子，或是因为复杂的家庭状况不能给孩子很好的照顾，便选择用物质的形式来补偿孩子。

还有些父母是因为图省事，尤其是当孩子哭闹起来的时候，直接满足能很快"息事宁人"。这些父母哪怕有时候觉得自己应该拒绝孩子的无理要求，也很难招架得住孩子吵闹和眼泪的双重攻击。

事实上，父母也的确需要在力所能及的范围内尽量满足孩子的心愿，但问题在于这个度该如何把握。这其实并没有一个标准答案。因为哪怕是购买名牌鞋、去高级餐厅吃饭，又或者是报昂贵的补习班，也未必就不能满足，因为不同家庭的经济条件、现实状况各不相同。不过，父母在做选择的时候，依然可以凭借一些基本的原则来帮助自己做决策。具体该如何做呢？

专家建议

1. 问清楚是"需要"还是"想要"

父母在每一次面对孩子索要东西的时候，尤其是在物质方面，一定要先判断孩子是"需要"还是"想要"。比如，很多孩子看见别人有漂亮的文具就很心动，那么父母要先问清楚："你为什么要买这个文具啊？因为真的需要还是因为你同学有，或者是你觉得它太好看了？"如果是为了攀比便要禁止，为了好看的话要克制，如果真的需要，或者是老师要求，那么父母就需要及时给予满足。

2. 满足孩子更深层次的精神需求

孩子强烈的物质欲望背后，其实是更深层次的精神需求。父母如果只是满足孩子的物质需求，而忽视潜藏在背后的精神诉求，孩子只会更加"欲求不满"。如果孩子缺的是关爱，那么父母要做的应该是与孩子建立更亲密的关系，给予他们陪伴和支持，而不是用物质"收买"他们。

3. 事先告诉孩子可以买什么

父母可以事先给孩子一个价格上限，规定孩子只能在这个范围内选择，比如妈妈带孩子去买书包，可以提前跟孩子说明："你一年就要换一次书包，买200元以内的书包就可以了。"父母要让孩子知道，虽然爸妈爱他，但是不切实际的物质要求是不会被满足的。

4. 引导孩子树立正确的消费观

如果孩子真的非常想要某个价格昂贵的东西，父母可以让孩子拿它与平价替代品进行比较。比如，父母可以拿一件普通公主裙和一件名牌裙子做对比，对孩子说："两件小裙子其实都挺好看的，但是价格却差了很多……"一步步引导孩子学会选择性价比更高的商品，树立正确的消费观念。

6

用规则代替唠叨

好好跟孩子说话，孩子就是听不进去，父母头疼不已。如果希望获得理想的说服效果，父母应该戒掉唠叨，多立些规则。

情景再现

早上起床，娜娜一睁开眼，就听见妈妈在旁边不停地唠叨："快起床，都快7点了，你要睡到什么时候！"娜娜赌气般回道："我还能再睡10分钟。"然后把被子一拉，继续呼呼大睡。

10分钟后，妈妈又过来催促道："10分钟到了，还不起？"娜娜不情愿地起身，开始慢悠悠地穿衣服。

妈妈看不下去了，又开始唠叨："你能不能快点？磨磨唧唧干吗呢？你再这么慢下去，早饭也吃不了，上课还得迟到……"

娜娜就像没听见一样，依旧慢悠悠地起床……

危害解析

父母不停地唠叨，不仅会让自己失去倾听孩子内心想法的机会，还会给孩子带来一系列的负面影响。

感到焦躁和厌烦： 唠叨其实是一种缺乏尊重和信任的交流方式，大多数孩子都会把唠叨当成一种控制和强迫。听见父母不停地唠叨，孩子只会感到焦躁和厌烦。

注意力不集中： 父母反复唠叨，孩子听觉上的敏锐程度就会被削减。父母的唠叨密集地入侵孩子的大脑，每一句话都需要他做出反应，孩子反应不过来，久而久之，注意力分散就会变成常态。

产生依赖心理： 父母不停地唠叨，容易让孩子产生依赖心理。孩子会觉得反正有人会提醒，便不会用心做事，而当问题出现后，就会把责任推到父母身上。这样的孩子往往缺少责任感和独立意识，懒惰、散漫。

变得不自信： 唠叨往往都带有指责和否定的意味，父母在唠叨的时候，往往会不受控制地将自己的期望和不满情绪发泄到孩子身上。长此以往，孩子就会承受巨大的心理压力，变得越来越不自信。

心理解读

父母对孩子唠叨，本质上是出于对孩子的爱。一个人要是不喜欢你，连话都不愿意多说一句，更别提唠叨了。父母之所以会唠叨孩子，是因为对孩子的关爱，担心孩子哪里做得不够好，便反复提醒。

父母对孩子的唠叨，也是出于对孩子能力的不信任。孩子的阅历和认知尚浅，不能对事情做出准确判断，父母对孩子的唠叨其实是对孩子独自面对困难的不放心。

父母对孩子的唠叨，也是因为孩子做得确实不够好。孩子做得不好，父母就会担心，就会想教他做好，进而演变成唠叨。

可能父母会觉得唠叨是为孩子好，但如果一个声音反复在孩子的耳边响起，他们只会"充耳不闻"。心理学上把这一现象叫作"超限效应"，它是指由于过度的刺激以及作用时间过长而产生逆反心理。也就是说，父母说得越多，说服效果越差。

生活中，我们也会发现这样一种现象：父母对孩子说了十遍都不管用的事情，老师只要说一句，孩子就立马去做了。这其实是因为老师很早就制定了规则，对于哪些可以做，哪些不能做，表达得非常明确具体，而违反规则就会获得相应的惩罚。父母其实也可以用规则代替唠叨来说服孩子。那么，具体该怎么做呢？

专家建议

1. 制定简单有效的家庭规则

父母可以制定简单易懂的家庭规则，不要过长或者啰唆，并将其写在纸上，贴在醒目的地方，确保孩子可以时时看见，然后按照规则准时上床睡觉、做作业、做家务等。

2. 明确告诉孩子规则

与其不停地唠叨"这么晚了还不睡觉，快睡觉去"，不如对孩子说："快9点了，已经快到睡觉的时间了。再不去洗漱，我们就没时间讲睡前故事了哦！"明确告诉孩子规则，说的时候要冷静、平和、有耐心，这样孩子才愿意听，也才愿意遵守规则。

3. 与孩子一起制定规则

与其命令孩子"中午1点到2点是午睡时间，你必须上床睡觉"，不如对孩子说："让我们来制定午睡规则吧。妈妈希望1点到2点的时候能够休息。"然后尊重孩子可能不想午睡的想法，也让孩子遵守午休时间不许吵闹的规则。和孩子一起制定规则，能让孩子感受到被尊重。他们对自己参与制定出来的规则，当然也更乐意遵守。

4. 让孩子承担违反规则的后果

与其反复跟孩子强调"不好好刷牙就会蛀牙"，不如对孩子说："如果你不好好刷牙，就不能吃甜点，会蛀牙。昨天你没有好好刷牙，所以今天的甜点就取消了。"孩子违反规则后，父母不需要一遍遍指责，只需要让孩子承担违反规则的后果即可，这样他往往更能意识到危害。

第六章

共情和引导

教孩子学会情绪管理

↘1

为什么你越哄，孩子哭得越厉害

孩子哭得很伤心，父母总会忍不住去哄，结果孩子可能本来都要停止哭泣了，父母一哄他们反而哭得更厉害了，这是什么情况？

情景再现

萱萱养的猫咪丢了，萱萱伤心极了。

妈妈安慰道："好了，别哭了，你难过也没用啊。咱们再养一只。"

萱萱听完更难过了，止不住地哭泣。

妈妈继续哄道："萱萱最坚强了，萱萱已经是大孩子了，不要哭了啊！"

结果萱萱哭得更厉害了。妈妈开始变得烦躁，忍不住道："你这孩子怎么这么难哄！"

危害解析

生活中我们经常会看见父母这样哄孩子:"我知道你很委屈,但你这样是不对的""我知道你很生气,但我这都是为了你好""我知道你很辛苦,但你得为了将来考虑""我知道你很难过,但这真不是什么大事"……这样的安慰方式只会给孩子带来更多的心理伤害。

更委屈:妈妈安慰孩子"猫丢了哭也没用,再养一只就是了",孩子听了只会想:"妈妈一点也不理解我的感受,再养一只有什么用,我只想要我原来的那只!"妈妈的话起不到任何安慰的作用,还会让孩子觉得更委屈。

哭得更凶:父母想哄孩子,却没找到孩子难过的真正原因,便无法与孩子共情,结果父母越哄,孩子越崩溃,哭得更厉害。

心理解读

孩子哭闹,父母嘴上满满的"安慰"和"理解",其实内心却处在一种"假接纳""假共情"的状态。刚说完理解孩子的情绪,紧接着又否定孩子的感受,抛出自己的真实目的,把共情当成一种工具和手段,而非真的"动情",孩子自然不会买账。

共情是一种"感受",而不是"语言"。比起语言上的技巧,它更是一种情感上的共鸣。共情不是指你说什么话,做什么样的动作,而是你能否深入孩子的内心,体验他的情绪和感受。

孩子比赛没发挥好,父母如果安慰说"没关系,下次继续努力,失败乃成功之母",这依然是用讲道理的方式来说服孩子,而不是感受孩子的感受。虽然这些道理本身没什么问题,但当孩子陷入激烈的情绪中时,他们是没办法进行冷静思考的,这些大道理反而显得很苍白。

这时候,父母如果能够感受一下孩子对赢的渴望和对输的恐惧,然后对孩子说"妈妈知道你很在乎这次比赛,输了让你很难受,但是没关系,妈妈一直在这儿陪着你",效果就会很不一样。

真正的共情是站在孩子的角度,体会他的情绪状态,理解他的内心感受,不夹杂任何说教，给他温暖、支持和认可，最终展现出安慰的力量。那么，当孩子伤心难过时，具体应该怎么做呢？

专家建议

1. 接纳和体谅孩子的难过

当孩子因为某种原因感到伤心难过时，父母不必急于去劝慰孩子摆脱难受的心情，而是要先与孩子产生共情，在情感上理解孩子，让孩子感受到父母正在和他一起面对这样"不幸"的时刻。比如，孩子输了比赛，父母说："没得奖就没得奖吧，也犯不着哭啊。比赛总是有输有赢的。"孩子听了只会因为不被理解，而更加委屈。而如果父母说："每天都在辛苦排练，没赢肯定让你很难过吧？"孩子听了虽然还是难过，但会得到安慰。

2. 找到哭闹的真正原因

孩子哭闹总是有原因的，有时候还是深层次原因，父母如果只是一味地哄孩子，却说不到点子上，孩子只会更加不开心。父母只有找到真正原因，才能有针对性地哄好孩子，比如父母可以对孩子说："你这样哭我也不知道你到底怎么了，你可以跟我说一说吗？"

3. 给孩子一点时间

当孩子有情绪时，父母说不准哭，孩子不可能立刻停止哭泣。这个时候，父母不如先给孩子一点时间，让孩子自己先慢慢平复情绪，然后再说别的。比如，事后父母可以对孩子说："我看到你因为这件事难过了很久。"一方面表达自己的关心，另一方面也能在孩子相对冷静的时候，回顾整件"烦心事"，看看能帮孩子做点什么。

4. 教会孩子宣泄情绪

孩子哭闹是在宣泄情绪，如果父母想要让孩子停止哭闹，最根本的解决办法就是教会孩子如何正确地宣泄情绪。父母可以对孩子说"你是因为……不高兴吗？不开心的时候，你可以去跑步，也可以让我陪你打球"，或者说"如果你不愿意告诉我，试试写进日记里怎么样"，还可以说"你要是不愿意跟我说，可以去找你的好朋友聊一聊，让他帮你分析分析"，鼓励孩子正确表达情绪。

2 孩子抱怨时，别轻易训斥

孩子抱怨时，父母别轻易训斥、阻止，不要让孩子的抱怨成为爆发矛盾的导火索。

情景再现

晴晴一回到家就嘟着个小嘴闷闷不乐，一看到妈妈下班回来了，就立马跟妈妈抱怨起来。

"妈妈，我们数学老师太严厉了！她逮到我和同桌说话，直接给我当堂课的成绩判了0分！"

妈妈不认同道："上课本来就不能随便说话！"

"可是同桌只是问我刚才老师讲了啥，她没记下来，我们就说了这一句！数学老师真是不近人情，一点也不好！"

妈妈有些烦躁，忍不住训斥道："别抱怨了！你要是没错，老师怎么会说你？多找找自己的问题。"

晴晴觉得委屈极了，明明不是自己的错，可是她似乎说什么妈妈都觉得她在狡辩……

危害解析

孩子抱怨的时候，很多父母往往没等孩子说几句，就指责孩子"不懂事""不能吃苦"。殊不知，这样只会带来更严重的后果。

情绪压抑：孩子可能会因为父母的反应感到沮丧、无助，导致情绪受到压抑，影响心理健康。

不愿沟通：孩子可能不再信任父母，不再跟父母抱怨，也不再找父母倾诉心事，对父母产生不信任感和抵触情绪，导致沟通障碍。

增加压力：父母的训斥和阻止可能会增加孩子的心理压力，使孩子感到焦虑和紧张，影响学习和生活。

强化逆反心理：孩子一抱怨父母就训斥、阻止孩子，可能会强化孩子的逆反心理，使孩子对父母的管教产生抵触情绪，从而导致更多的冲突和矛盾。

心理解读

"作业太多""老师偏心""同桌把我的橡皮擦黑了""今天学校的午餐有我最讨厌的洋葱"……对于孩子的这些抱怨，忙碌了一天回到家的父母听了往往会很烦，会忍不住训斥或阻止孩子。父母会觉得，这么点鸡毛蒜皮的小事有什么可抱怨的？

然而，成年人也会有"丧"的时候，更何况是孩子。我们抱怨工作，抱怨配偶，抱怨生活中的一切麻烦事，其实仅仅是在发泄不良情绪而已，抱怨完还会继续拥抱生活。同样，孩子的抱怨、诉苦也是如此。

不管发生什么事孩子都喜欢找别人的原因，遇到一些困难和挫折总习惯性地去埋怨别人，其实并不是因为孩子爱抱怨，而是因为他们自身经验的不足，在社交生活中产生的恐惧，害怕失去父母的关注和自己的心爱之物而已。孩子抱怨时，本来就压力大，刚一张口就被训斥一顿，可想而知，孩子的心理阴影面积有多大。

当孩子抱怨时，我们应该采取更为温和和理解的方式与孩子进行沟通，让孩子把郁闷发泄出来，尊重孩子的需求和感受，从而更好地帮助孩子解决问题。那么，具体该如何做呢？

专家建议

1.学会倾听

倾听不仅要听见孩子抱怨的声音，还要听懂孩子隐藏在抱怨背后的情绪。孩子说："作业这么多，怎么做得完啊！"父母听起来就会以为是孩子嫌作业多，不愿意写作业，于是就开始训斥孩子，让他赶紧去写，或者对他进行一通诸如"写作业是学生的任务"之类的说教。其实，孩子抱怨作业多，并非不愿意写作业，而是渴望被理解。父母如果不能耐心倾听，就会切断与孩子进行有效沟通渠道。

2.学会共情式回复

孩子抱怨作业多，如果父母能站在孩子的角度思考，采用共情式回复，比如说："上了一天学了，回来还要写作业，真的很辛苦啊！"或者说："今天的作业确实有点多，如果需要帮助的话，我随时都在。"孩子听后一定会因为被理解而感到安慰，并停止抱怨。

3.让孩子自己思考

父母要学会鼓励孩子自己思考问题的答案。比如，孩子抱怨说："我不要喝牛奶，太难喝了！"父母可以把"不行，必须喝！不喝会长不高，我小时候想喝还没有呢"换成"牛奶不好喝，我们为什么还要喝呢"，孩子可能会说："因为牛奶有营养啊，喝了能长高高啊……"这个时候我们就可以附和说："对呀，你不是一直在跟你的好朋友比谁更高吗？"这样让孩子自己得出结论，孩子也会更容易接受一些。

话术示例

 今天你跟孩子好好说过话吗

1. 你别总是自己玩，要跟弟弟分享！

改成：你来选一个给弟弟玩吧。

2. 你到底睡不睡，不睡就给我出去！

改成：不睡可以，只要不发出声音就好了。

3. 不要哭了，坚强一点！

改成：别难过了，过来让妈妈抱抱你。

4. 你吃饭能不能不要玩！

改成：时间马上到了，妈妈要收碗了哦。

5. 你能不能别慢吞吞的！

改成：今天没有昨天快哦，宝贝要加油啦！

3

老大和老二起冲突，怎么处理

在有两个孩子的家庭里，老大和老二更多的时候不是理想中的"相亲相爱"，而是"相爱相杀"。他们会因为一件很小的事而爆发"战争"。如何正确处理两个孩子之间的冲突，成为二孩家庭急需解决的问题。

情景再现

客厅里，妹妹坐在地上哇哇大哭，妈妈闻声赶过来："干吗推妹妹？知不知道自己错了？"

波波不服气道："我没错，是她要抢我玩具！"

妈妈训斥道："你都把妹妹推倒了，还说没错！就算她抢你玩具，你也不能推她呀。你是哥哥，不能让着点妹妹吗？快给妹妹道歉！"

波波愤怒地吼道："我没错，是她不对，凭什么让我道歉！"说罢夺门而出……

危害解析

生活中，有两个孩子的父母经常会说的一句话便是："你是老大，你就不能让着弟弟/妹妹吗？"父母错误的育儿观念，不仅会伤害老大的感情，也会"养坏"老二。

老大觉得被排挤、被冷落：老二出生后，父母的照顾和关注都会向老二倾斜，老大会觉得被忽视、被冷落。老大觉得自己很委屈，感觉自己的努力和付出都是徒劳，逐渐对父母失望。

造成老大嫉妒的心理：在老大眼里，父母有了老二后，就只关心老二，因而格外嫉妒和讨厌老二。老大为了重新得到父母的关注，便会竭力讨好父母，甚至做出故意陷害和伤害老二的行为来。

造成老二霸道骄纵的性格：由于父母的偏爱，老二很容易生出莫名的优越感，认为所有人都该让着他，从而造成霸道自私、不讲道理的性格。

心理解读

为何会出现"两宝之争"呢？

心理学上有个名词叫"同胞竞争"，意思是，老大在不得不跟弟弟妹妹分享父母和资源时，会表现出失落、嫉妒和不友好的行为，而老二也会在竞争中极力表现得更好，来争夺自己想要的一切。无论是老大还是老二，都会因为恐惧或者为了讨好而去压抑自己的内心，塑造一个"乖孩子"的形象，其实活得十分痛苦。

老大和老二争夺的其实是父母的爱，他们之间的冲突，其实也是和父母的冲突。老大一出生就理所应当地认为父母和家里的一切都是属于他一个人的，所以当老二出生后，老大就会有一种"被剥夺"的感觉，继而造成一系列的心理问题。而老二，因为一出生就知道有个哥哥或姐姐要跟他分享父母和家里的一切，通常更会察言观色，本能地会想办法与老大"竞争"父母的爱。

老大、老二暗自较着劲，而对于父母，一般都会很自然地觉得较小的孩子更需要保护，因而在两个孩子发生冲突的时候，总会不自觉地偏袒老二，结果就是老大很受伤，老二更加有恃无恐，最终对两个孩子的成长都造成了非常坏的影响。

很多时候，父母站在自己的角度，会觉得自己已经足够"一碗水端平"了，给予孩子的爱也是相等的，但是站在孩子的角度看却又是另一回事。我们需要明白，只有孩子感受到被公平对待那才是真正的公平。

那么，我们究竟该如何做才能处理好两个孩子之间的纷争呢？

专家建议

1. 先了解"发生了什么事"

老大和老二之间发生冲突，一定要先问清楚事情的前因后果，不要太早下结论，以免误会、冤枉任何一个孩子。父母要依次询问两个孩子的说法，保持耐心，不偏袒任何一方。父母可以这样问："发生什么事了？哥哥你先说……弟弟还有要补充的吗？"听两个孩子从自己的角度描述事情的经过，也是给孩子们一个倾诉和梳理的机会，而他们也会因为有机会为自己辩解而更容易承认并改正错误。

2. 引导犯错的孩子做出弥补

当了解了事情的经过后，父母需要引导犯错的一方道歉并做出弥补，尤其是较小的孩子，只要是做错了就该一视同仁。父母可以对做错的孩子说："你把哥哥的玩具玩坏了，哥哥很难过，你觉得应该怎么做？"父母要在确保所有人都冷静下来后，再与两个孩子一起梳理问题，同时提供几种合理的解决方案供其选择，帮助两个孩子化解矛盾。

3. 放手让孩子们自己解决问题

两个孩子之间的很多冲突，有时候并不存在对错问题，父母不妨放手让他们自己协商解决。比如，两个孩子都想玩同一个玩具，哥哥说："要不你先玩火车，我先玩轮船。过一会儿，我们俩再交换好了。"弟弟想了一下欣然同意，问题也得到了很好的解决。两个孩子如果经常能自己处理争端，也就不会因为父母处置失当而感觉不公平了。

话术示例

 老大和老二吵架，怎么解决

普通
父母

- 你就不能让让弟弟吗？
- 你怎么又把妹妹弄哭了？
- 她那么小，打你一下，能有多疼？
- 你这么大了，能不能懂事点？
- 你要把妈妈气死吗？
- 妹妹还小，不懂事，她动手，你也动手吗？
- 哥哥坏，哥哥不给我们玩玩具。
- 妈妈批评姐姐。

高手
父母

- 我看，你们俩都很生气呀。
- 到底怎么回事，你能跟妈妈说说吗？
- 弟弟把你打痛了吗？让妈妈看看。
- 弟弟先动手，肯定是不对的。
- 你们俩都想玩这个玩具，你有没有什么好的办法？
- 那是你姐姐，你好好和姐姐说，姐姐会把玩具给你的。

4

孩子想放弃，你的反应很重要

孩子想放弃，父母应该去理解孩子内心真正想表达的情绪，试着与孩子产生共情。

情景再现

朵朵突然对跳舞很感兴趣，便缠着妈妈报了舞蹈班，结果学着学着，就想放弃了。

朵朵对妈妈说："跳舞太难了，我不想学了！"

妈妈拒绝道："不学不行，你看你们班同学谁没有特长。而且，当初可是你自己要学的。不管多辛苦，你也得坚持下去！"

朵朵沉默了，虽然还是继续去上舞蹈班，可是再也不认真学了，每次上课都心不在焉，应付了事，有几次甚至装病不去上课……

危害解析

孩子想放弃，父母错误的应对方式会给孩子带来很多不好的影响。

感觉不被理解：很多时候，父母并不把孩子的感受当成重要的事情，而且也不太在意孩子是否真心喜欢。当孩子哭诉着说要放弃时，父母通常是敷衍了事，只会一味地告诉孩子再坚持一下，不要随意放弃。然而这种冠冕堂皇的话反而会让孩子觉得自己不被理解，甚至觉得父母根本不在乎自己。

养成轻易放弃的习惯：也有些父母，非常疼爱孩子，对孩子百般纵容。面对孩子的厌学情绪，父母出于心疼，会允许孩子轻易放弃。而这种方式不仅导致孩子之前的学习前功尽弃，也会让孩子形成错误认知。在今后的学习过程中，一旦遇到难题，孩子就会很轻易地想要放弃，缺少持之以恒的精神，最终什么也学不好。

心理解读

孩子说放弃，很多时候也是无奈之举。放弃的时候他或许很沮丧，或许很暴躁，或许还在哭。为何而哭？这才是放弃的关键。孩子哭着说要放弃，这个时候，父母的反应如果是毫无用处的鼓励和安慰，那相当于对孩子进行二次伤害。

在一次乒乓球比赛中，一个女孩因为频频失误，导致与对手的比分越拉越大。眼看就要输了，她哭着对观众席上的父母说："我不想比了！"结果，不远处的爸爸为了逗女儿开心，便跳起了搞笑的舞蹈，最后还给女儿竖起了大拇指，直逗得女儿破涕为笑。小女孩有了爸爸的鼓励，擦干眼泪，继续比赛。虽然最后还是输了，但她并未因此放弃对乒乓球的热爱。

当孩子因为不能赢而哭着说想要放弃时，是"输"的概念在不断给孩子制造心理压力。作为父母，第一反应应当是给孩子减压，让孩子知道，输赢不是重点，保持健康、快乐的心态才是最重要的。

孩子说想放弃，父母的反应尤为重要，那么父母具体该怎么做呢？

专家建议

1.告诉他"这次做不到没关系"

当孩子因害怕失败想放弃时，父母要告诉孩子，失败是常事，困难只是我们面临的一次挑战，这次做不到一点关系也没有，不是说失败了我们就是"失败者"。父母还可以分享自己失败的经历，以及自己是如何一步步解决的，鼓励孩子树立信心，比如说："妈妈小时候，也经常做不好，后来我……然后就好了。"

2.理解孩子想放弃的心情

当孩子处于很强烈的负面情绪中而想放弃时，父母要做的不是一味地去否定孩子的情绪，让他"再坚持一下"，这种回应只会让孩子压力倍增。父母可以试着和孩子谈论他们的感受："告诉妈妈，你怎么了？是觉得……吗？"如果孩子不想谈，也不要勉强，就陪孩子在坏情绪里待一会儿。父母可以对孩子说："你现在状态不好，不如我们先暂停一下，等你觉得好了我们再继续。"

3.平常多夸"努力"，少夸"聪明"

平常注意多具体夸奖孩子的认真、坚持，比如："这一周你都很努力地在复习，这次果然考得不错！""这次你能闯关成功，是因为你一直在坚持，遇到困难也没有放弃。"这样夸，传递给孩子的信息是：只要我认真、努力，就能变得更好。

话术示例

 如何鼓励孩子坚持下去

千万不要这么说

- 三天打鱼两天晒网，你能干成啥？
- 不行，你必须给我坚持下去！
- 别人都能坚持，你怎么不能？
- 你怎么一点毅力都没有？
- 算了，算了，我就知道你坚持不了几天。
- 遇到一点困难就投降，瞧你那点出息！

一定要这样说

- 你能坚持到现在，已经很厉害了。
- 累了，就休息几天。
- 你做得已经很好了。
- 你是不是遇到了什么困难？可以跟我说说吗？
- 你有权做出选择，只要你考虑好了，妈妈都支持你。

5

孩子总喊累，如何回应很重要

"妈妈我好累！"孩子经常说自己压力大，父母千万别不当回事，正确回应很重要。

情景再现

轩轩一回到家中就无精打采地趴在沙发上。

妈妈走过来关心地问道："怎么了宝贝，谁欺负你了？"

轩轩叹了口气道："妈妈我好累，我觉得压力好大！"

妈妈听完后笑道："你能有啥压力？你才上四年级。"

轩轩撅着小嘴不高兴道："我怎么没压力？我吃不下、睡不着，还总担心考试考不好。"

妈妈敷衍道："好了好了，你有压力，快去写作业……"

危害解析

不少孩子进入初中、高中后，随着学习压力的增大，心里苦闷不堪，甚至会哭着"喊累"。看着孩子一边说一边流眼泪，父母只能以大道理回应："再坚持一下就好啦！都是这么过来的！"甚至说："你那算什么累，我天天上班养家才累呢！"父母错误的回应方式往往会给孩子带来巨大的痛苦。

产生反感：孩子"喊累"，父母硬要说服孩子"别怕累"，孩子就会变得很反感父母，觉得跟父母"说不到一块儿去"。

情绪崩溃：孩子因为遇到困难或者学习进度跟不上等原因，本身已经很疲累了，而父母还要往他们头上"浇一盆凉水"。得不到理解的孩子，往往很容易畏缩不前，甚至崩溃大哭。

感觉无助：如果孩子觉得累，却得不到父母的安慰和帮助，孩子就会感到孤独和无助，对父母失去信任。

心理解读

在很多父母眼里，孩子不用工作，体会不到生存的压力，每天就是上学和玩，能有什么可累的？其实不然，再小的孩子也会有身心俱疲的时候。

孩子每天都背着沉重的书包上学，繁重的学习任务、兴趣班任务，严重挤压了他们的休息时间，导致他们的身体长期处于疲惫状态，精神也处于高压状态，担心学不好，辜负父母的期待。此外，孩子因为年龄小、经验不足，也没办法妥善处理自身的压力，因而他们感受到的疲累并不会比成人少。

学习会消耗很大的精力，孩子在父母面前喊累，更多的其实是希望父母看到他的努力和进步，给他支持，给他打气，让他更有动力继续坚持下去。

孩子喊累的时候，妈妈不妨这样回应："今天老师是不是教了很多新知识，看来你学得很用心啊！妈妈最近发现你写作业也认真了，学习也有了很大进步，所以累也是有收获的。"有了妈妈的支持和认可，孩子会觉得累一点也是值得的。

孩子总是"喊累"，父母的回应很重要，具体该如何做呢？

专家建议

1. 及时了解孩子的心理状态

孩子总是"喊累"，我们要先去了解孩子具体为什么"喊累"。父母要抽出足够的时间与孩子面对面谈心，主动找孩子沟通："最近感觉怎么样，有什么想跟妈妈说的吗？"父母要有足够的耐心认真听孩子表达，引导孩子说出自己的心事。只有父母肯把心交给孩子，孩子才会把心交给父母。

2. 帮助孩子调整心态

孩子的"累"多半来自学习，父母要帮孩子正确认识学习的意义："学习是为了赢得选择的权利。现在努力学习，将来才有机会选择有意义、感兴趣的工作，而不是被迫谋生。"父母还要根据孩子的实际能力，制定合理的学习目标，放弃过高的要求，多关注孩子的进步，以减轻孩子内心的焦虑，帮助孩子调整心态，让孩子轻装上阵。

3. 和孩子分享自己的经验

成长过程中的压力，每个人都会遇到，父母可以把自己曾经遇到过的和孩子类似的情况，以及当时是怎么处理的，用通俗易懂的语言跟孩子分享。父母告诉孩子自己应付压力的方式，实际上是在为孩子树立榜样，可以增强孩子克服压力的勇气和信心。

4. 鼓励孩子多交朋友

鼓励孩子走出家门，与邻居、同学、朋友一起玩耍。让孩子多与同龄人交往，不仅可以减轻孩子的心理压力，还能培养孩子的人际交往能力。另外，父母也可以让孩子把自己的好朋友请到家里来玩，给孩子提供交友的机会，让孩子多一个倾诉对象，从而更好地克服内心的压力，缓解心理上的疲累。

6

孩子收到别人的"差评"，怎么安慰

当孩子收到别人的"差评"时，父母不仅需要为孩子提供情感支持，还要教会孩子正确看待别人的"差评"。

情景再现

青青放学回来后，心情有些低落。

妈妈关心地问道："青青怎么啦？"

青青叹了口气，而后慢悠悠地说："小朋友说我长了个大蒜鼻子。"

妈妈立即严肃地说："别听他们瞎说！你的鼻子很漂亮，妈妈就喜欢你这样的鼻子！"

青青沉默了，过了一会儿又问道："妈妈，我的鼻子真的像大蒜吗？"

妈妈，别人说我长了个大蒜鼻子。

别听他们的，我觉得你鼻子挺好看的。

危害解析

被同学嘲笑发型难看，被朋友吐槽皮肤太黑，被老师批评作业不够整洁，被陌生人指责没礼貌，被父母批评笨手笨脚……父母如果不能正确引导，及时开解，这些都会给孩子带来巨大的心理伤害。

自我厌弃： 被负面评价久了，孩子很大概率会内化这些评价，认为"评价说的是对的，我就是不行、不优秀，这件事肯定做不了……"，然后逐步发展为"自我厌弃"。

变得隐忍和退缩： 有些父母看见孩子被负面评价后脆弱无助的样子，会忍不住指责孩子"懦弱无能"。孩子被训斥后，只会默默忍受，不会再去寻求父母的帮助，同时也会越来越认同自己的"懦弱"，成为人人都能随意欺负的弱者。

心理解读

当有人对自己的孩子做出不好的评价时，父母也会感到焦虑："别人不喜欢我的孩子怎么办？""别人嘲笑他会让他有心理阴影吗？""如果老师不喜欢他，同学不喜欢他，他不想去上学了怎么办？"

正是出于这种焦虑心理，很多父母会在孩子收到"差评"后要么感觉很气愤，觉得别人太不友好，然后和孩子一起远离对方，要么表现出对孩子的失望，然后逼迫孩子改正。

班里组织跳舞活动，静静被老师批评"协调能力不好"。静静的妈妈知道后，并没有去评价静静舞跳的究竟好不好，也没有去评判老师说得对不对，而是跟静静一起回忆静静协调能力很好的时候。

"我记得你小时候玩平衡木玩得可好啦，你也是自己学会骑自行车的，我都没咋教你。还有那次，我忘带钥匙了，还是你翻进窗户帮我开的门。我想老师肯定是从来没见过你翻跟头的样子。"静静听见这话，连翻了好几个漂亮的跟头，对自己的"协调能力"也有了新的认识。

通过回忆，静静不仅感受到了妈妈的关心和支持，还重拾了信心，主动去练习，以证明自己"协调能力并不差"，也不再纠结于老师是不是喜欢自己了。

在社会这个大环境中，每天都充斥着各种各样的"评价"，父母没办法屏蔽"不友好"的评价，唯一能做的便是及时鼓励孩子，并引导孩子正确看待别人的评价。那么，具体该怎么做呢？

专家建议

1. 与孩子产生共鸣

收到别人的"差评"，孩子第一反应必然是受挫的。这个时候，父母要尝试理解孩子的情绪，比如说："发生这样的事，你肯定很难受吧？我明白这种感受，因为我曾经也……"父母可以用自己曾经经历过、遇见过、看见过的事情，与孩子产生共鸣。

2. 教会孩子换个角度看待"差评"

等孩子情绪平复之后，再来引导孩子认识"差评"的现实意义。如果"差评"是无中生有的，父母可以借此激发孩子的同理心，告诉他不能以同样的方式伤害别人；如果"差评"是客观事实，父母就启发孩子思考可以用什么方法完善自己。父母要让孩子知道，有些评价虽然是事实，但也只是暂时的，只要从中吸取教训继续前进，就会变得更加强大。

3. 鼓励孩子接受自己的"不完美"

如果"差评"是事实且无法改变，比如被别人说"丑"，而孩子也确实长得不好看时，就算父母说再多遍"我觉得你很漂亮"也不能改变事实，更无法宽慰孩子，可能还会因为"说谎"失去孩子的信任。这个时候，父母不妨引导他们直面自己的不完美，让他们接受自己的缺点，同时也认识到自己的优点，从而更加全面客观地认识自己，并习得"客观看待别人评价"的能力。

话术示例

 小朋友排挤孩子，家长该怎么说

1. 他们不和你玩，不是你不好，每个人都是独立的个体。（这是在保护孩子的独特性，并且避免他形成讨好型人格）

2. 交朋友是两个人一起玩得开心，如果一方不想玩了，那你就大大方方地走开就好。（这是在告诉孩子什么是真正的友谊）

3. 孩子，即使你做得再好，也不可能让所有人都喜欢。找到适合自己、让自己舒服的朋友就好啦！（这是在告诉孩子要学会接纳自己）

第七章

倾听和回应
让孩子和你有话说

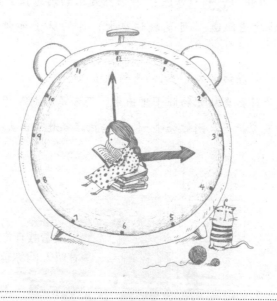

1

无论多忙，都不要敷衍孩子的问题

"爸爸在工作，找你妈去。""妈妈在做饭，自己玩去！"父母总以"忙"为借口，敷衍孩子，殊不知这会给孩子带来巨大的伤害。

情景再现

涵涵突然跑进厨房歪着脑袋问妈妈："妈妈，我是从哪里来的？"

妈妈正在做饭，顺口回道："你当然是从妈妈的肚子里出来的。"

涵涵继续追问道："可是我这么大，你的肚子那么小，我是怎么出来的？"

"你小时候没这么大。"妈妈不耐烦道。

"那我为什么会从你的肚子里出来，而不是从别人的肚子里出来？"

"没看我在忙吗？问你爸去！"妈妈把涵涵赶了出去。

危害解析

父母总是忽视孩子，敷衍孩子提出的问题，很可能会造成无法挽回的后果。

失去孩子的信任：刚开始孩子可能什么都想跟你分享，可一次次的期待，换来的却是"我现在没空，你自己玩去"，孩子慢慢就会变得跟你没话说。

孩子也变得敷衍：当你总是敷衍孩子，孩子也会有样学样，做事开始不认真，同时学会敷衍你。你问他问题或者让他去做什么事时，他便也不会积极回应你。

破坏求知欲：父母总是敷衍孩子提出的问题，还会严重打击孩子的求知欲。当孩子突然蹦出一个"奇思妙想"，并向父母求证、分享时，父母如果敷衍了事，孩子就会觉得反正父母也不重视，自己也不用费心去"研究"了。

敷衍孩子的结果还远不止这些，这种情况继续恶化下去的话，孩子还会产生严重的叛逆心理。出于对父母的失望和思想的偏激，他们长大后很可能认识不到父母对自己的好。

心理解读

很多父母会在物质上慷慨地满足孩子，却在孩子想要陪伴的时候，敷衍说"没时间"，这是不对的。事实上，相对于好的物质享受，孩子更想要的是，在自己想说的时候，父母可以认真听；在自己想哭的时候，父母可以给自己一个大大的拥抱；在自己提出问题的时候，父母可以认真回应。

从电影院出来，淘淘对如何穿越回过去充满了好奇，便问爸爸："什么是量子？"爸爸也答不上来，便对淘淘表示："我们回去把这个系列的电影再看一遍，说不定就知道了什么是量子了。"孩子很高兴，眼里满是期待。

对于孩子而言，父母回答什么不重要，重要的是父母的态度。父母认真及时地回应孩子的问题，会让孩子真切地感受到被爱和被尊重。

当然，认真回应并不是说只要孩子呼唤，父母就必须立即放下手头的事，回应孩子的任何需求，这样也不现实。毕竟有些事，比如做饭，父母真的没办法马上停下来。所以，认真回应也要讲究一定的技巧方法。

专家建议

1. 若无要紧事，立即回应

当孩子呼唤父母时，父母可以先确认他们的需求，如果父母并没有什么要紧事着急处理，就应该及时回应孩子。尤其是当父母在刷手机消遣的时候，更应该放下手机，认真听孩子说话，这也是在教孩子学会尊重他人。如果父母一边和孩子说话，一边刷着手机头也不抬，孩子再小也会感受到父母的不尊重。

2. 无法及时回应时，给个确定期限

父母即便真的有事脱不开身，也要看着孩子，然后真诚地跟孩子讲清楚原因，并给出具体的等待时间，比如"我知道你需要我，但我正在做饭，10分钟后我就来陪你"，让孩子知道"妈妈有事不能马上陪我，妈妈并不是不爱我"。

3. 即使被问到不会的问题也不要敷衍

孩子在好奇心和求知欲的驱使下，每天都可能问很多奇奇怪怪的问题，比如"天为什么是蓝的""鱼为什么能在水里游""月亮为什么跟着我走"……心不在焉的回答，只会让孩子很受伤。如果父母真的不知道问题的答案，不妨引导孩子自己去找答案，比如说："我记得家里有一本《十万个为什么》，你去找找看有没有这个问题的答案，找到了再来告诉我，我也挺想知道的"或者"这个问题难到我了，不如我们一起上网搜索一下答案吧！"

2

放学后聊天，别只关心孩子的学习

父母和孩子聊天，谈论的不应该只有学习和成绩，还有很多可聊的话题。

情景再现

妈妈和欣欣在聊天。

"要考试了吧？复习得怎么样了？今天上课有没有认真听讲啊？"

"还行，今天学了好多新知识。"

"学知识就对了，要好好学、认真学，不然以后就只能'搬砖'。"

欣欣听妈妈这样说，沉默了。

妈妈也感觉到话题有点聊不下去了，于是又换了个话题，问："在学校过得还开心吗？"

欣欣来了兴致，回答道："我今天认识了一个新朋友，我俩特别聊得来……"

妈妈忍不住打断道："交朋友可以，别耽误学习呀！不能老想着一起玩。"

危害解析

如果我们张口闭口都是"这次考试考得怎么样""作业做完了没有",对其他问题一概不关心,久而久之孩子不仅会觉得很烦,还会产生很多消极情绪。

没有存在感: 父母只关心孩子学习,孩子就会渐渐认为"妈妈觉得学习比我还重要""我只有学习好妈妈才爱我",甚至觉得自己不值得被爱,逐渐形成低价值感。

丧失学习的兴趣: 父母越提学习,孩子越不想学习,有时甚至想通过学习成绩的下降,吸引父母注意到他情绪的变化。如果此时父母仍然只盯着学习成绩,丝毫不关心孩子心情,那么孩子只会变得越来越失望,甚至破罐子破摔。

心理解读

很多父母和孩子聊天,聊什么最后都能聊到学习上去。本来孩子还想跟父母分享点什么事情,到最后只会感觉"天被聊死了"。其实父母聊学习这种目的性很强的行为,只是一种单方面的灌输,它所能达到的效果微乎其微。

对于孩子而言,学习固然很重要,但是父母与孩子聊天,却不能只关心孩子的学习,因为学习再重要,也只是孩子多姿多彩生活中的一部分。而且,孩子在学校已经学习一天了,紧绷的神经急需放松一下。你也不想上一天班回到家,老板还要跟你谈工作上的事情吧?

而且,除了书本上的知识,孩子的见识也很重要。只聊学习,会让孩子的眼界变得狭小。父母与孩子聊一聊大千世界,让孩子多了解和接受生活中的道理、社会上的知识,也会对孩子的身心发展大有帮助。

家庭的温暖,是让孩子感觉到轻松、自在和安全,给孩子心灵上的慰藉,而不是紧张和高压。孩子的生活应该是"春风得意马蹄疾",而不应该被枯燥单调的学习填满,而且学习也应当是一件快乐的事,孩子只有感觉到快乐,才有动力提高效率。

父母和孩子聊天,不能只关心学习,保护孩子的沟通意愿最重要。如果父母能静下心来仔细接收孩子的沟通信号,就会发现,父母其实还可以和孩子聊很多内容。

专家建议

1. 聊一聊学校的情况

父母可以问一问孩子"最近在学校怎样啊",注意,问的是在学校发生的事,千万不要最后又拐到"学习"上去了。很多时候,学校里发生的事情会直接影响孩子的心理状态,比如在学校如何与老师、同学相处,有没有发生什么有趣的事,或者有没有遇到什么烦心事。通过和孩子聊学校的情况,父母可以第一时间给予孩子心理上的支持。

2. 聊一聊最近的心情

父母可以问一问孩子"最近感觉怎样啊",及时关注孩子的情绪变化,引导孩子表达他的内心感受,分享他的喜怒哀乐。孩子的内心是敏感的、脆弱的,一点小事可能就会引发较大的心理旋涡。父母只有了解孩子为什么会有这样的情绪变化,才有可能帮助孩子正确处理情绪问题。

3. 聊一聊孩子的爱好

父母可以提前了解孩子的兴趣爱好,比如喜欢的动漫、爱吃的零食,甚至是服饰的搭配技巧、简单的护肤知识等。只要是孩子感兴趣的话题,哪怕只是一个天马行空的想法,父母都可以和孩子聊。这样既能拉近彼此的距离,又能给孩子正确的引导。

话术示例

 放学后，父母要做到"四问""三不问"

四问

- 你今天在学校有没有发生不开心的事？
- 你今天有什么好消息吗？
- 你今天在学校学到了什么？
- 你说得非常好，那么妈妈问你，今天有需要妈妈帮忙的地方吗？

三不问

- 今天作业多吗？
- 作业写完了吗？
- 今天表现得好吗？

3

最无用的教育，就是和孩子讲道理

著名教育家、思想家卢梭曾经说过："对孩子不仅无益反而有害的三种教育方式是：讲道理、发脾气以及刻意感动。"大道理讲得越多，孩子越不爱听，表现也越差。

情景再现

梓涛和妈妈吃饭的时候，抱怨道："明天又要考试，天天考试，烦死了！"

妈妈不以为意道："学完新知识要考试很正常啊。考试就是检验你这段时间的学习情况，你现在的首要任务就是学习……"

梓涛赶紧打断道："哦，知道了……"

妈妈却继续说道："怕考不好为什么不好好复习呢？老师肯定给你们划考试范围了吧？只要你……"

梓涛不满地嘀咕道："怎么跟唐僧一样，我听得耳朵都生茧子了！"

危害解析

父母经常对孩子说："多吃蔬菜多喝水，对身体好""少吃糖，牙齿会坏掉""穿好秋裤，不然容易感冒生病"……尽管父母对孩子苦口婆心，可孩子依然我行我素。事实上，给孩子讲道理不仅没用，还有很多危害。

觉得很烦：孩子想拆东西，他想知道这个音乐盒是怎么发出声音的，完全不会考虑到拆下来装不回去的后果。这时父母给他讲大道理，告诉他装不回去音乐盒会坏，他是完全无感的。他只会觉得自己的活动受到了限制，觉得父母很烦。

产生逃避的心理：给孩子讲道理不仅会浪费父母的精力，还会消磨孩子的耐心，甚至还会使亲子关系逐渐变得冷淡。孩子只会想逃离，以避免再次被父母说教。

心理解读

说教往往起不到教育的效果，那为什么父母还总爱说教呢？因为父母希望通过讲道理的方式让孩子变得更懂事、更优秀。尤其当孩子做错了一些事情的时候，父母希望能够通过这种苦口婆心地讲道理的方式，让孩子明白自己做错的地方，懂得更多相关的知识。

然而，孩子的认知有限，他们往往听不懂父母的大道理。著名教育家皮亚杰曾说过："孩子看世界都是从自己的角度出发的。"尤其是3岁以下的孩子，他们一切行动的出发点都是为了满足自己的愿望，完全不会像大人那样考虑前因后果。父母讲的道理对于他们来说太抽象了，讲得再多孩子也理解不了。

等到孩子大一点能听懂道理了，但是啰唆又空洞的大道理往往又很容易引起他们的不耐烦，这便是心理学上的"超限现象"。"超限现象"是指，由于大脑接受刺激频率过多或者作用时间过长，就会产生不耐烦或者逆反心理的现象。父母的说教一旦超过三遍，孩子就会产生逆反心理，可能本来想要改的也因为父母的唠叨而放弃，甚至会觉得"你越不想让我这么做，我越要这么做"，只想跟父母唱反调。

那么，用什么样的方式代替讲道理呢？

专家建议

1. 用讲故事的方式代替讲大道理

父母可以通过讲故事、举例子、打比方的方式，让孩子从故事中领悟道理，这往往比单纯地说教要有用得多。比如，如果孩子不想刷牙，父母可以给他讲"不爱刷牙的小狮子"的故事；孩子不爱吃蔬菜，父母可以给他讲"挑食的小兔子"的故事。

2. 用讲规则的方式代替讲大道理

孩子看见玩具哭闹着要买是件让人很头疼的事情，父母可以在去商场前就先跟孩子讲清楚规则，之后等到孩子无理取闹的时候，便可以对他说："妈妈不会给你买的，因为我们之前已经讲好了……"用规则约束孩子，代替讲大道理，不仅更有说服力，还能培养孩子的规则意识。

3. 用孩子能听懂的话代替讲大道理

比如，孩子不爱刷牙，父母对他说"不刷牙会蛀牙"，他很可能对蛀牙没有概念，自然也理解不了不刷牙的危害。这时，父母对他说："你要是不刷牙，牙虫看见你牙齿上有那么多好吃的，就不走了，然后天天在你的牙齿上吃东西，把你的牙齿吃个大洞出来，当成它们的家……"

话术示例

 父母这样说，孩子更听话

1. 当孩子饭前想吃零食时

错误：不行，马上要开饭了。

正确：你可以吃3根胡萝卜条、6个葡萄，我们马上要开饭了哦！

2. 当孩子不肯做家务时

错误：叫你收拾，怎么又在玩？弄得乱七八糟，存心给我添乱是吧？

正确：宝宝，这个玩具区域是谁弄乱的呢？要不要和我一起，把它收纳整齐呢？我很需要你的帮助。

3. 当孩子不好好吃饭时

错误：你好好吃饭，妈妈就给你买零食、玩具。

正确：宝宝乖乖吃饭的话，就能像哥哥一样长高变壮了。

4

表达欣赏和肯定，让孩子更自信

　　孩子的心态，很大程度上取决于父母对自己的态度。父母总是能表达对孩子的欣赏和肯定，会让孩子变得更自信，也更有能量面对整个世界。

情景再现

　　妈妈的朋友来家里做客，糖糖正坐在桌子旁边画画。

　　朋友看见糖糖的画，忍不住夸赞道："糖糖画得真好，好厉害！"

　　妈妈赶紧否定道："你别夸了，哪有多好，都学好几年了，一点进步没有。"

　　糖糖听了低头不语。

　　妈妈继续说道："他们画画班有个小孩，那画得才叫好呢！前几天市里比赛，人家还得了一等奖。哪像她，啥奖都没有……"

　　糖糖把头埋得更低了……

危害解析

父母经常否定和打击孩子，往往也是出于对孩子的爱，却没意识到自己的行为会对孩子造成恶劣的影响。

变得脆弱： 父母经常打击孩子，会让孩子逐渐将自己封闭起来。时间长了，孩子的内心会变得异常敏感和脆弱，甚至会变得孤僻、不合群。

反应迟钝： 父母经常否定、打击孩子，会让孩子形成防御心理，同时变得反应迟钝。在这种情况下，孩子很容易形成消极的应对机制，遇到任何事情都会慢半拍，也更容易变得懒惰、逃避责任、爱指责别人。

形成讨好型人格： 父母总是习惯性地否定孩子，会让孩子迷失自我。孩子怕被父母批评便不敢按自己的想法做事情，为了得到父母的肯定，慢慢学会了忽视自身感受，总是想尽办法去讨好自己的父母，逐渐形成"讨好型人格"。长大后，他们也会习惯于讨好他人，把自己搞得身心俱疲。

心理解读

为什么父母要否定孩子？

父母否定孩子，可能是因为怕夸孩子夸多了，孩子容易自满，反而影响孩子进步。

父母打击孩子，可能是因为对孩子抱有过高的期待，一旦孩子没有达到，便会感到失望，并通过打击和否定孩子的方式来发泄自己的不满情绪。

父母总是忽略孩子优点，可能是因为孩子的优点太多了，习以为常，所以关注点便会不自觉地转移到孩子的缺点上，并想通过鞭策的方式督促孩子进步。

事实上，过度的表扬确实会让孩子骄傲自大，不思进取，可如果是讲究一定标准和原则的表扬，发自内心地欣赏孩子的优点，肯定孩子的付出和努力，则会让孩子更自信，也更有动力变得更好。

那么，具体要怎么做呢？

专家建议

1. 发现并说出孩子的优点

与其花时间和精力去否定孩子身上的缺点，不如去发现孩子身上的优点和长处，去肯定他、赞美他，让孩子建立面对挫折的勇气和信心。

比如，当父母想要让孩子好好学数学的时候，与其批评他数学成绩差，不如这样说："你上次画的那幅画真不错，我给专门画画的朋友看了，他都夸你画得很有创意呢！我知道你喜欢画画，也付出了很多，所以才会画得这样好。其实学数学也是一样的，如果你能再多下点功夫，我相信你一定能学得比现在更好。"被肯定后，孩子也会更相信自己能够学好数学。

2. 关注孩子的进步并及时表扬

"虽然你暂时没能完成这个任务，但我知道为此你已经下了很大功夫，结果也比之前进步多了。"有些人可以轻轻松松地完成某一项任务，有些人却需要付出十分的努力。作为父母，应该关注孩子是否已经努力，是否有所进步，并及时给予表扬，而不该只注重结果。

3. 尊重孩子的差异

"跟别人不一样，并不代表你就不如别人，你仍然是一个很棒的人。"与其拿别人家孩子的优点与自己家孩子的缺点做比较，不如尊重每个孩子的差异，因材施教，在孩子原有的基础上帮助孩子进步和改善。

4. 鼓励孩子表达自己的想法

"你的想法很有趣，你愿意进一步谈谈你的构想吗？"鼓励孩子表达自己的想法，表现出对孩子想法的兴趣，并期待孩子去执行和完善自己的想法，是对孩子最大的赏识和肯定，孩子也会因此更爱学习，更能享受探索知识的乐趣。

话术示例

好孩子是夸出来的

1. 妈妈发现你今天写作业时，是先把学习用品和书准备好，然后才开始做的。

这就叫做事有条理！

2. 我注意到你今天喝了两杯水。

这就叫对自己的身体负责！

3. 我注意到你自己认真地改正了口算的错题。

这就叫自律！

4. 我注意到你做题时圈出了重点。

这就叫仔细认真！

5. 今天早上，你只用了 5 分钟就穿好衣服下床了。

这就叫效率！

6. 我发现你今天做作业，只用了半个小时。

这就叫高效的时间管理！

⤵ 5

怎么问，孩子才愿意说出真心话

著名思想家歌德曾说："向别人诉说是人类的天性。"可是在很多家庭里，孩子却和父母无话可说，这往往是因为父母没有学会正确提问。

情景再现

妈妈看见乐乐躺在沙发上闷闷不乐，便关心道："怎么了？心情不好？"

乐乐淡淡地回道："没事，我能自己消化，我也不想说。"

妈妈却很担心，继续问道："到底发生什么事了？有什么不能跟妈妈说的？"

乐乐不耐烦地回道："我现在没心情说，你别问了！"

妈妈说："你究竟怎么了？你这样我好担心，我是你妈妈，我想帮你……"

乐乐打断道："你没看我正烦着吗？你就不能让我安静一会儿？"

危害解析

孩子不愿意跟父母沟通，往往会出现很大的问题。

得不到父母的支持和帮助：孩子不愿意跟父母沟通，父母就无法知道孩子的想法和需求，就不能给予孩子及时的照顾和支持。孩子也会感到孤立无援，甚至觉得父母压根儿不爱自己。

亲子关系恶化：亲子之间如果没法沟通，就会出现很多隔阂，相互不了解，矛盾就会越来越大，亲子关系也会逐渐恶化。尤其是父母与孩子还存在着"代沟"，在遇到问题时，孩子和父母的想法往往是不同的。如果双方无法有效交流，只会加深误解并产生越来越多的问题。

心理解读

孩子明明看起来心情不好，可问他又什么都不肯说。父母明明是出于关心，可孩子为什么一点不领情，甚至还觉得烦？

孩子不愿意跟父母说真心话，可能是因为孩子曾经在与父母分享事情和内心感受的时候，父母只从自己的角度出发，不仅不能理解孩子的心情，还对孩子横加指责。慢慢地，孩子就不再愿意跟父母交心了。

孩子不愿意跟父母说心里话，也可能是因为父母经常没有足够的时间和耐心去倾听孩子的诉说，导致孩子觉得跟父母说了也没用，父母根本不会放在心上。久而久之，孩子就不再愿意开口向父母寻求帮助了。

孩子不愿意跟父母说心里话，还可能是因为他们觉得将自己的心事说给父母听，父母就会把自己的问题公开化，导致更多人知道自己的不堪，所以便倾向于把问题藏在心里，不愿跟父母吐露分毫。

所以，如果父母能够给予孩子足够的耐心，认真倾听孩子的话，理解孩子的感受，给予孩子更多的支持和鼓励，让孩子感到自己的问题能够得到父母的关注和重视，让孩子能够再次信任父母，孩子才会有可能向父母敞开心扉。

那么，具体要如何做呢？

专家建议

1. 认同情绪后再提问

孩子只有感受到他的情绪被看到、被认同，才不担心被评判、被否定，才会敢于畅所欲言，父母才有机会在孩子需要的时候给他提供支持和帮助。

比如，当父母看到孩子自己在那里生闷气时，父母可以这样说："我看到你好像不开心，是发生什么事了吗？"孩子可能就会告诉父母："因为……我很生气，我再也不要跟他们玩了。"此时父母还可以继续表达理解和认同："他们这样做，你觉得很不应该，所以很生气是吧？"父母真正接纳孩子的情绪，孩子才会愿意跟父母进一步沟通。

如果父母看到孩子情绪不好并询问他怎么了，他仍然不想说话，父母也不要不停地追问，而应该这样回："没关系，我会一直陪着你。等你想说的时候再跟我说，我一直都在。"这样的话可以让孩子感受到父母的体贴和关心。

2. 对孩子的话题表现出兴趣

当父母对孩子想说的话题表现出足够的兴趣和热情时，往往能更好地鼓励孩子表达自己的看法，孩子也会觉得跟父母"有话聊"。

父母在听孩子说话的时候，还可以一边点头表示认同，一边时不时说一句："是吗？""你的意思是说……"及时给孩子反馈，让孩子知道父母在认真听他说话，并且听明白了他的意思。当孩子认为自己的讲的话能够被父母理解，便会对自己的想法更自信，进而更愿意表达。

3. 寻找无压力的聊天时机

想要与孩子顺畅沟通，就要选择恰当的时机，不能在孩子吃饭吃到一半的时候突然找孩子"谈心"，也不能在孩子玩得正开心或者情绪特别不好的时候要跟孩子"分析问题"。这种时候，如果父母去打扰孩子，孩子只会倍感压力，也不会想好好交谈。

最好的聊天时机应该是孩子感觉到舒适放松的时候，比如睡前，孩子比较疲累，也不想再玩闹。这时，如果父母心平气和地跟孩子沟通，孩子往往能够安静下来好好聊天。

话术示例

 正确的亲子沟通方法

1. 你再哼哼唧唧，就给我出去。

应该说：你愿意和妈妈说说，你为什么不开心吗？（引导比恐吓更管用）

2. 你是哥哥，要和弟弟分享玩具。

应该说：你可以选一个玩具给弟弟玩一会儿。（建议比强迫更有爱）

3. 你别在这儿没事找事，一边儿去！

应该说：我看你有点生气，是发生什么事了吗？（认同比指责有意义）

4. 你到底咋了？问你也不说，烦死了！

应该说：没关系，等你想说的时候再跟我说，我会一直陪着你。（理解胜于指责）

5. 一天到晚这个明星那个明星，追星能当饭吃吗？

应该说：我看你很喜欢那个明星，他一定很优秀吧？（肯定优于否定）

第八章

接纳和爱
帮助孩子成为更好的自己

1

放下对孩子的高期待

担心孩子不如别人，害怕孩子未来没有更好的出路……父母焦虑的背后，是对孩子的高期待。但是，父母越紧张，越着急，孩子越没有动力。

情景再现

眼看别的小朋友琴棋书画样样在行，妈妈也心急火燎地给青青报了好几个兴趣班。

妈妈要求青青每天练钢琴一个小时。青青一个音符弹不好，妈妈就说："你好好练，跟你一起学的小朋友都考级了。"

妈妈还给青青报了英语班。只要青青稍微有一点懈怠，妈妈就会说："现在不学好英语，将来怎么出国留学？"

妈妈给青青规划了考 KET、PET 的时间，一想到备考时间紧迫，她就忍不住对青青大吼大叫。

危害解析

过度焦虑的父母，不仅在处理事情时容易手忙脚乱，同时也会无意识地对孩子进行更多的控制。他们与孩子的日常交流往往是以"你赶快……""现在马上去……""你不能……"开头。殊不知，父母长时间使用命令的口吻与孩子交流，会给孩子带来一定的负面影响。

让孩子产生自我怀疑： 孩子发现父母常常因自己感到焦虑时，会产生一定的自我怀疑，认为一定是自己很不好才会让父母生出这种程度的担心，所以在做任何事情的时候都小心翼翼、不自信。

增加孩子做事的出错率： 父母的厚望会给孩子施加更多的压力，而带着压力去做事，孩子很大概率会因为心情紧张而分心，犯下平时不容易出的错。

孩子也会焦虑： 焦虑情绪是会传染的，孩子吸收了父母的负面情绪，之后自己遇上任何困难，都会变得容易焦虑。

心理解读

那么，父母产生焦虑的原因究竟是什么呢？

在心理学范畴内，焦虑往往来源于对未来事物不确定性的恐惧。而父母在教育孩子时产生的焦虑，其本质是不能确定孩子的成长与发展方向。为了让孩子有一个更好的、确定的未来，他们拼命"抢跑"：2岁学英语，3岁开始认字，5岁开始练钢琴，6岁学写作……时间表甚至被精确到分钟。他们认为，只要孩子足够努力和坚持，就能成为被羡慕的"别人家的孩子"。即便如此，他们仍然一路战战兢兢，生怕孩子不配合、掉链子，而毁掉自己培养"精英"的计划。

在一群父母开始"抢跑"后，那些原本"闲庭散步"的父母也开始焦虑了。他们的焦虑来源于比较与竞争。看到别人家孩子十八般武艺信手拈来，再看看自己家孩子，就连吃饭都比别人慢，他们真是要崩溃了。比较一旦开始，就如开闸泄洪，势不可挡。比较的内容也五花八门，从吃饭多少、走路的早晚，到会几种才艺，再到成绩排名、各种竞赛获奖等，只要能拿来比较的都会被暗自比较一番。为了不让孩子落后于人，比别人差，父母只好不断加大教育投入并给孩子施压，希望孩子能够赶超别人。

还有少部分父母的焦虑，是因为他们本身比较追求完美，因此会对孩子产生过高的期待。一旦孩子在哪方面没有做好，他们就会担心这一方面影响了孩子的整体发展。

那么，如何避免把焦虑传递给孩子呢？

专家建议

1. 表达对孩子的支持

将"你这次怎么才考了这么点分"换成"我们一起努力找到知识漏洞并补齐，争取在下次考试中取得进步"，用类似支持和信任的话语代替焦虑的责备，不仅可以帮助孩子提升自信，还能避免焦虑的传递。

2. 鼓励孩子做自己

"学霸""985""全国500强"……每对父母都希望这些标签能属于自己的孩子。但这千篇一律的高期待，只会让孩子迷失自己。与其打造千篇一律的优秀的"机器人"，不如让孩子成为最好的自己。因此，我们可以把"你以后要考上一个好大学""你不好好学习，就找不到好工作"之类的话，变成"我希望你以后做自己喜欢的事""你想做的事，由你自己决定"……

3. 赞美孩子学习之外的优点

请不要用放大镜去看孩子的学习成绩，而忽略了孩子其他方面的发展。在平时可以多多对孩子的一些优点进行赞扬，例如"你每天都帮我们做家务，真是体贴懂事的好孩子""宝贝真有爱心，每次看到小花小草都不忍心踩踏"等。这些赞美的话不仅可以缓解自身的焦虑，还能激励孩子不断进步。

对孩子说：我爱你，不是因为你优秀

　　不是因为孩子优秀才爱孩子，而是因为父母爱孩子，孩子才会越来越优秀。作为父母，要无条件地爱自己的孩子，全然接纳自己的孩子。

情景再现

　　母女俩在闲聊，妞妞突然对妈妈说："妈妈，如果我以后考上清华的话，你会怎么样？"

　　妈妈听了很高兴，说："妈妈肯定会为你感到骄傲的，我们家妞妞真有志气！"

　　妞妞又问："那我以后要是烤地瓜呢？"

　　妈妈听了顿时不满道："妈妈可不喜欢没出息的孩子。你要好好学习，别将来真的烤地瓜。"

　　妞妞听了沉默不语……

危害解析

生活中经常会听到有父母这样说："你再这样，妈妈就不爱你了。""你要听话，妈妈才爱你。"父母以为这种表达方式可以更简单有效地约束孩子，却忽略了它会给孩子带来巨大的伤害。

感受不到父母的爱："有条件的爱"会让孩子觉得父母爱的是"优秀的孩子""听话的孩子"，而不是自己，从而感受不到父母的爱，甚至觉得自己不值得被爱。

心理压力倍增：由于孩子错误地认为只有表现出色或者考试考得好，才会得到父母的爱和认可，所以他们会因为担心自己不够优秀而焦虑不安，从而压力倍增。

学会讨价还价的相处方式："有条件的爱"会让孩子觉得接纳自己和接纳别人都是有附加条件的，因此他们便不会发自内心地积极回应父母，更多的是学会了讨价还价的相处方式，甚至会觉得不付出代价就得不到爱。

心理解读

父母为什么接纳不了孩子的普通呢？

有些父母可能是因为对孩子抱有过高期待，希望孩子成为不平凡的人；也有的父母可能是想借助孩子的成就来实现自我价值感，并拼命要求孩子优秀；还有些父母由于社会环境的压力以及攀比的心理，难以接受孩子只是个平平无奇的普通人。

爱孩子就应该学会接纳孩子的"普通"和"不完美"，看清楚理想和现实的差距。对待孩子，父母需要付出的是"无条件的爱"。所谓"无条件的爱"是指不带任何功利目的，不期待任何回报，无论孩子是否足够优秀，都毫无保留地去爱他，让孩子知道父母就是爱他这个人，而不是任何以外的东西。只有这样的爱才能让孩子有安全感，也才能让孩子更有信心面对这个世界。

有人拜访杜鲁门的母亲时恭维道："您有总统这样能干的儿子，一定很自豪吧？"杜鲁门的母亲回答道："是的，我确实很自豪。不过，我还有个在地里挖土豆的儿子，他同样让我骄傲！"无论孩子是总统还是平民，妈妈的爱应该都是一样的。只有无条件的爱，才会让孩子感到安心，让他们成为更好的自己。

那么，具体要怎么做呢？

专家建议

1. "无论你优秀与否，我都爱你"

当孩子担心自己考不好就不被爱时，父母可以这样说："爸爸妈妈爱你，不是因为你考得好，而是因为你是我的宝贝。"当孩子因为觉得自己不够优秀而担心父母不喜欢自己时，父母可以这样说："爸爸妈妈会永远爱你，因为你是我们的孩子，与其他任何事情无关。"这样说能够给孩子足够的安全感。

2. "我不喜欢你的行为，不是不爱你"

当孩子表现不好的时候，父母要对事不对人。父母可以对孩子说："爸爸妈妈只是不喜欢你的这种行为，希望你能改正，并不是不爱你。""老师找我，是对你负责，希望你改正错误，变得更好。不过，不管老师怎么评价你，在我眼里，你永远都是最值得我爱的宝贝。"

3. 敢于对孩子说"不"

父母对孩子的爱应该是无条件的，但并不意味着要放纵孩子，答应孩子的一切要求。作为负责任的父母，要告诉孩子哪些事情能做，哪些事情不能做。父母可以对孩子说："无论你是什么样的，你做了什么，都不会影响我爱你，但是这件事你不能这样做……"

4. 接纳不完美，不威胁，不交换条件

父母要接纳孩子的不完美，而不是用"不爱你"来威胁他做出改变。父母可以向孩子提要求，但不要用交换条件的方式要求他一定照做。

3

让孩子感受到被爱的话，要经常说

中国式父母喜欢"含蓄的爱"，往往羞于表达，但是爱孩子如果只放在心里，孩子往往感受不到，甚至还会误解父母不爱他。

情景再现

"都几点了，你怎么还不去写作业？考试也考不好，书包也不收拾，不好好学习还成天喊累，懒死了……"

"妈妈你是不是不爱我？"

"我怎么不爱你了，我供你吃穿，还给你买玩具，让你上你喜欢的兴趣班……"

"可你老说我这做得不行，那做得不对。"

"你做得不对还不让说了？"

……

危害解析

人人都需要被爱，感受不到父母关爱的孩子，会在心理和行为上出现很多问题。

感到孤独无助：孩子感受不到父母的爱，就会严重缺乏安全感，遇事很容易感到孤独、无助。因为缺少爱和关注，他们就会寻求其他方式来填补内心的空虚，比如沉迷于游戏、染上网瘾等。原生家庭的创伤带给孩子的不安和焦虑，很可能会跟随其一辈子。

容易被外界诱惑：孩子从小在缺爱的环境下长大，极度渴望被爱。当外界给他们一点"小恩小惠"，他们就会被感动，义无反顾，给自己造成无法挽回的伤害。

心理解读

没有哪个父母是不爱孩子的，可并不是所有孩子都能感受到父母的爱，这主要是父母错误的表达方式造成的。

中国式父母，很多都是"刀子嘴豆腐心"。担心孩子吃不好影响身体发育，张口却是："午饭不吃，晚饭也别吃了，饿着吧！"担心孩子睡不好，说出口却是："不去睡觉瞎琢磨什么，一天天就知道玩！"担心孩子学习，却说："你上课到底在干吗？要不别上了，浪费钱！"孩子要怎样才能从指责的话语中感受到父母的爱呢？

想让孩子感受到父母的爱，父母就不能只在心里爱，还要经常说出来，更要恰当地表达。妍妍每年都会收到来自"圣诞老人"的礼物，而且还都是自己特别想要的。这其实是因为妍妍每次特别想要某件东西的时候，妈妈都会偷偷记下，然后等到圣诞节假借圣诞老人之手送给孩子。当妍妍表示怀疑的时候，妈妈是这样回答的："因为你是一个好孩子，这是圣诞老人奖励好孩子的。"妍妍听了很高兴，不仅是因为收到礼物感到惊喜，还是因为深刻感受到了父母的爱。

很多时候，几句简单的话，几个微小的动作，可能就会让孩子感受到来自父母的爱和关心。那么，父母究竟要如何表达爱呢？

专家建议

1. "做得不错，我为你感到骄傲"

当孩子取得一定进步或者干成一件事情的时候，父母要及时表达赏识，对他说"我为你骄傲"，让孩子觉得自己的努力被看到了，自己的成绩被认可了，自己的付出是值得的。孩子感受到来自父母的认可，自然会更有动力做得更好。

2. "去吧，你能行"

有时候孩子并不是做不到，只是缺少鼓励，父母要相信孩子能做好他力所能及的事情，对他说："去吧，你能行！"父母的鼓励和信任，会让孩子感受到来自父母的爱，让他们觉得父母是自己的坚强后盾，然后一往无前地去探索未知的事物。

3. "我真高兴能和你一起做这件事"

如果父母经常表达和孩子在一起的时光是愉悦的，孩子就会认为自己的存在是有价值的，也能感受到自己被尊重。这不仅能提升孩子的幸福感，增加亲子之间的亲密度，还能提高孩子的自尊心和自信心。

4. "别担心，我会一直在你身边"

父母要给孩子足够的安全感，让孩子独自成长的时候不用担心被抛弃，让孩子知道，无论何时何地、何人何事，父母永远都会支持他们、爱护他们，家永远是他们的避风港。

5. "我知道，我明白你的感受"

在孩子跟父母分享心情的时候，在父母看到孩子情绪的时候，要表达理解、接纳和包容。让孩子知道父母很关心他们的情感状态，并愿意倾听他们的感受，这不仅有助于建立与孩子之间信任和沟通的桥梁，还能减轻孩子的心理压力和焦虑。

话术示例

 正确表达对孩子的爱

普通
父母

- 好好学习,考个好学校,我们也少操心。
- 不要比别人差,要成为最好的。
- 你看看别人家的孩子,再看看你!
- 你要像某人一样成功!
- 让父母因为你的成功而骄傲!

高手
父母

- 做个热爱生活、热爱学习的好孩子。
- 不要有攀比心,成为最好的自己。
- 你看看别人,你哪一点不比他们好。
- 你要成为自己理想的样子
- 让我们因为你的幸福而感到骄傲。

4

无须比较，每个孩子都会闪闪发光

俗话说，人比人，气死人。每个孩子的基础条件、个性天赋都不一样，父母应该尊重孩子的个体差异，不要盲目比较。

情景再现

"听说大华这次英语竞赛又得奖了，真羡慕邻居家的大哥有这么一个优秀的好孩子。"

听了妈妈的话，小志有点伤心，低头不语。

"你看，大华这次又考了第一名……人家每天晚上都会看书到很晚，你成天就知道玩……"

小志终于忍不住反驳道："你这么喜欢他，让他来给你当儿子好了……老让我向他学习，你怎么不学学他妈妈？"

危害解析

生活中很多父母总喜欢拿自家孩子和别人家孩子去比较，比赢了沾沾自喜，比输了指责孩子给自己丢脸，比得自身很焦虑不说，也给孩子带来了巨大的伤害。

引发嫉妒心理：自己的父母总是夸奖别人，孩子就会产生嫉妒心理。这种心理会让孩子感到不公和愤怒，让他对其他孩子产生敌意，甚至会做出一些带有攻击性的不当行为。

引发自卑心理：如果父母总拿别人家孩子和自己家孩子做比较，比得孩子一无是处，孩子就会开始怀疑自己，觉得自己不够好，什么都不如别人，结果自信心受挫，甚至产生严重的自卑心理。

引发叛逆心理：如果父母总拿更优秀的孩子与自己做比较，孩子就会觉得很反感，并开始反抗父母。父母越看重什么，孩子越在那方面"摆烂"。也有的孩子为了得到父母的夸奖，付出了很多努力，可父母似乎依然更喜欢"别人家孩子"。明白这点后，这些孩子就会放弃努力。

心理解读

为什么父母总喜欢拿自家孩子与其他孩子做比较？

这可能是因为父母为了掌握孩子的情况，将其他同龄孩子作为参照物。通过比较，父母便能大致判断出孩子各方面的发展水平，从而确定孩子成长得有无问题。比如上学后，父母就会通过班级里考试排名的情况，来掌握孩子的学习情况，从而进行查漏补缺。

也可能是因为父母想通过比较的方式，给孩子找到一个学习的榜样，让孩子通过比较认识到自身的不足，知耻而后勇，激发孩子的竞争意识和上进心。

还可能是因为父母小时候也是在比较中长大的，习惯了这种教育模式。小时候被长辈拿来做比较，为人父母后也会无意识地拿自家孩子与别人家孩子比。这种教育模式基于父母虚荣和攀比的心理，也源于父母对"比较"的恶劣影响认识不到位。

事实上，每个孩子身上都有自己的闪光点。世界上并不缺少闪闪发光的孩子，而是缺少发掘孩子潜力的父母。如果每一位父母都能用一颗平常心去对待孩子，不用"比较"的方式去压垮孩子，孩子必定能绽放属于自己的光彩。

无须比较就能让孩子闪闪发光，父母具体要如何做呢？

专家建议

1. 找到孩子生活中的优点

用心观察孩子的日常行为，当发现孩子有礼貌、懂得尊重人、做事细心、爱干净等，就可以适当地夸赞他。比如，当孩子每次都能很仔细地将房间角落里的灰尘打扫干净时，父母就可以夸奖她："你真细心，能注意到别人忽略的细节。"

2. 发现孩子在学校的优点

父母也可以从孩子在学校的表现，发现孩子身上的优点，比如孩子的社交能力、语言表达能力以及道德水平上的优点等。当得知孩子回来得晚，是因为主动帮生病的同学值日的时候，父母就可以表扬他："你真是个助人为乐的好孩子。"

3. 挖掘孩子性格上的优点

父母需要细心地观察和了解孩子行为上的特点，从中发掘孩子性格上的优点，比如孩子的情绪管理能力、性格上的优势等。举个例子，如果孩子比较调皮，那么他很可能具有积极探索的求知欲。这些是很可贵的品质，父母应该看到并加以引导。

话术示例

普通父母

- 人家小明考了 100 分。
- 你要向隔壁小哥哥学习。
- 你就是来讨债的。
- 人家小花写作业从来不用催。
- 别人能做到，你为什么不能？
- 大周末，谁像你天天睡懒觉？
- 我怎么生了你这么个孩子？
- 别吃了，你看人家小丽，多瘦。

高手父母

- 你比上次进步不少呢。
- 知道吗？你也是别人家的孩子。
- 在妈妈眼里，你就是那颗最亮的星。
- 现在你写作业越来越自觉了。
- 妈妈看到你的努力了。
- 平时很累了，周末可以多睡一会儿，妈妈相信你有自己的计划。
- 你是这个世界上独一无二的孩子。
- 现在你正是长身体的时候，健康比什么都重要。

5

不打击、不嘲笑，尊重并支持孩子的梦想

作为父母，应该保护好孩子的梦想，即使他们的梦想很不切实际，也不能打击和嘲笑。因为梦想总是要有的，万一实现了呢？

情景再现

豆豆和妈妈去蛋糕店取蛋糕。看见各种奶香四溢的蛋糕，豆豆馋得直流口水，便对妈妈说："妈妈，我长大后想当蛋糕师，这样我就有吃不完的蛋糕了。"

妈妈一脸嫌弃道："蛋糕师有什么好的，又苦又累的。"

豆豆又说："那我就自己开个蛋糕店，这样每天都能闻见蛋糕的香味了。"

妈妈不高兴道："你怎么整天就想着吃，真没出息！"

危害解析

有些父母听到孩子有些不现实或不够远大的梦想，会忍不住想要打击、嘲讽。殊不知，这种做法很可能会毁掉孩子。

怀疑自己： 父母无情地打击和嘲笑孩子的梦想，会让孩子怀疑自己实现梦想的能力。如果他们认为自己真的做不到，也就不会再去为之努力。孩子可能会因此逐渐变得懒散，失去探索和学习的动力。

失去对生活的信心： 孩子大都是天真的，而且满怀着对未来的憧憬，而他们的梦想就像盒子里的巧克力糖，充满惊喜和期待。如果自己珍视的梦想被最亲近的父母嘲笑和打击，孩子会很难建立起对生活的信心以及对身边人的信任。

心理解读

父母为何习惯于打击或嘲笑孩子的梦想？

这可能跟孩子的梦想太过于天马行空有关。孩子每天都有很多奇思妙想，而且还总是变来变去。想象力和好奇心让他们对很多事情都想去尝试，但短暂的专注力和不够持久的耐力，又很容易让孩子只有"三分钟热度"，因而父母总会忍不住嘲笑。

还有一些父母喜欢把自己没能实现的梦想寄托在孩子身上，想让孩子按照自己的期待去做，从而不愿意支持孩子自己的梦想。

无情地嘲笑和打击孩子的梦想，只会让孩子迷茫，变得更加消极。只有尊重并支持孩子的梦想，才能保护孩子内心的种子，让它努力生根发芽。

波士顿一个年仅9岁的男孩，由于特别爱吃零食，萌生了想投资一家零食公司的愿望。他的妈妈没有打击他，只是笑着提醒道："他们家还没上市呢，没法接受你的投资，有点可惜了！"于是小男孩便给这家公司的董事长写了一封热情洋溢的信，生动阐述了作为一名"小吃货"对于零食的热爱以及想要投资的愿望。结果，妈妈帮他把信件寄出去后不久，居然真的收到了参观公司总部的邀请函。该公司的董事长甚至还聘请这个孩子担任公司当天的财务总监以及试吃员，让他免费试吃所有的新产品并给它们打分。

面对孩子天马行空的梦想，父母该如何做呢？

专家建议

1. 认真倾听并理解孩子的梦想

父母可以通过提问、倾听、正面反馈的方式，表达对孩子梦想的兴趣。比如，父母可以说："你想成为一名医生吗？那真是太好了，你是怎么对医学感兴趣的？""你想成为舞蹈艺术家吗？刚好明天有一场歌舞剧，咱们一起去看看吧？""你想成为钢琴演奏家？太棒了，那你喜欢什么类型的音乐呢？"另外，父母还可以通过询问和倾听的方式了解孩子的梦想，表达对他们的尊重和支持。

2. 引导孩子为了梦想努力

父母可以通过引导、建议、鼓励以及提供资源等方式，帮助孩子一步步实现他的梦想。比如，父母可以说："你想成为舞蹈家吗？那你需要刻苦练习哦。我可以帮你找一个舞蹈老师。""你想成为科学家吗？那得需要精通很多门学科的知识哦。我可以帮你找一些书籍和视频，你可以先学习学习。"给孩子提供实质性的帮助和支持，会让孩子更有方向。

3. 接受孩子的选择和变化

孩子的梦想可能会随时更改，即使这样，父母也要表达接受和信任，尊重孩子的选择，给孩子足够的自由空间，让他们能够按照自己的意愿和兴趣发展。比如，父母可以说："你想成为一名医生，但你发现你好像更喜欢画画，那也没关系。只要你觉得开心，你可以随时改变你的梦想。""你想成为小号手，但你发现你更喜欢拉二胡，那也没关系。只要你觉得有趣和有意义，你可以随时尝试不同的乐器。"

话术示例

 鼓励孩子的梦想

- 你未来想成为一名蛋糕师，这个梦想"好甜"。
- 只要你努力，就可以实现自己的梦想。
- 你画的这幅《我的未来》，太值得期待了。
- 为了实现自己的目标，你累了也不放弃，妈妈觉得你很了不起。
- 去做自己喜欢的事吧，妈妈希望你自由、快乐。
- 你在某某方面做得很好，爸爸妈妈为你骄傲！
- 梦想无论大小，努力去追求，就会有惊喜！
- 加油！妈妈永远是你坚强的后盾！
- 你一定会成为自己想成为的人！